AF547936

Andreas Niedermann

COUNTRY

Fünfzehn Stories

Songdog Verlag

Andreas Niedermann wurde 1956 in Basel geboren. Nach einer Laborantenlehre reiste er durch Europa und arbeitete in mehr als 50 Berufen. 1987 erschien sein erster Roman «Sauser». Er lebt als Schriftsteller und Verleger in Wien und Wengen.

Country, sagte Harlan Howard, das sind drei Akkorde und die Wahrheit. Das mag, auf literarischer Ebene, auch für dieses Buch gelten, das mit Countrysongs nicht nur die Themen und den ländlichen Handlungshintergrund gemein hat. Die fünfzehn Stories sind «3 Akkord-Geschichten» über harte Arbeit, Moral, Verrat, Freundschaft, Liebe, Rache, Verirrungen, Alkohol, Einsamkeit, Sex, Hass, Gier, Gott und Zufall; über die Jagd und das Töten. Und über Tiere. Eine ganze Menge Tiere. Fünfzehn Geschichten über die Suche nach dem Abenteuer und die Sehnsucht nach dem gefährlichen Leben.

ISBN 978-39503557-9-6

Originalausgabe
1. Auflage /2 2015

Cover: Yvo Egger
Lektorat: Markus Schütz

Country?

Three chords and the truth.

Harlan Howard

Be wild, not evil.

Link Wray

INHALT

RITAS VATER

Ritas Vater schenkte Ritas Mutter zu Weihnachten Geld. Es waren zwanzig Euro in kleinen Münzen. Er überreichte es ihr in einem verknoteten Plastiksack aus der Obstabteilung des Supermarkts. So lief das in dieser Familie. Und wenn es an Weihnachten schon so lief, wollte man nicht wissen, wie es sonst lief, aber da hatte man keine Chance, denn Ritas Familie ließ alle daran teilhaben, wie es bei ihnen lief, denn sie führten ein Gasthaus. Ihre hasserfüllten Schreiduelle hallten durch den langen Flur, der die Küche mit dem Gastraum und dem Gastgarten verband. Es war nicht einfach, sich daran zu gewöhnen. Aber ich gewöhnte mich daran. Wegen Rita.

Ich mähte den Rasen vor Ritas Haus, als sie vorfuhr und den grünen VW Golf auf dem Vorplatz wendete. Sie streckte den Kopf aus dem Fenster. Ihr Vater saß daneben.

„Wir sehen uns den Wald an. Kommst du mit?"

„Ich hab noch mit dem Rasen zu tun."

Ich mochte den „Rasen", er war das Einzige, was ich hier wirklich mochte, und ich schnitt und trimmte ihn mindestens einmal pro Woche. Der „Rasen" war eigentlich nur ein Stück der Magerwiese, die sich rund um das einstöckige, putzblätternde Haus ausbreitete und für die sich niemand interessierte. Sie war voll wilder Blumen und namenloser Kräuter, und ich nahm mir etwas von ihr und machte daraus eine wellige, weiche, grüne Fläche, die keinen anderen Zweck hatte, als eine wellige, weiche, grüne Fläche zu sein.

„Ach, der kann doch warten. Wir sehen uns jetzt den Wald an."

Wenn sich die Familienmitglieder gerade nicht stritten, sahen sie sich irgendwas an. Ein Stück Land am Fluss, einen feuchten Acker, eine abgelegene Jagdpacht. Alles aus dem Erbe von Ritas Großvater. Aber es ging ihnen nicht um das Land, den Acker, die Jagdpacht, damit wussten sie nichts anzufangen, es ging ihnen um den Wert. Um Geld. Ritas Großvater hatte alles mit seiner Hände Arbeit erschaffen, und dann starb er und musste wenigstens nicht mehr mit ansehen, wie seine Nachkommen seiner Hände Arbeit zu Geld machten und sich dabei über dessen Aufteilung in die Haare gerieten.

Ich schob den Rasenmäher in den Schuppen und holte meine Schuhe. Ich hatte sie zum Mähen ausgezogen, weil ich das kurz geschnittene, duftende Gras spüren wollte, und jetzt waren meine Fußsohlen grün, und zwischen den Zehen klebten feuchte Grasbatzen. Ich zog die Socken darüber.

Der Kopf von Ritas Vater wandte sich mir zu, als ich mich auf die Rückbank quetschte, wo sich seine braune Vorstehhündin langgemacht hatte. Er beobachtete missbilligend, wie ich meine Hände unter das Hinterteil des Hundes schob und es ein wenig zur Seite hievte. Er sagte nichts. Ich sagte auch nichts. Man sagte am besten nichts. Wozu hätte man auch etwas sagen sollen? Das Reden übernahm Rita. Oder Ritas Mutter, wenn sie zugegen war. Rita war ganz gut im Reden, aber gegen ihre Mutter stank sie ab, wie Marcel Marceau gegen Woody Allen. Ritas Mutter hatte niemals auch nur einen Gedanken, den sie nicht sogleich aussprach. Rita nannte ihre Mutter „kommunikativ".

Rita legte den Gang ein und fing an. Ich hörte nicht zu. Ich sah mir die vorbeiziehenden kleinen Häuser links und rechts der Straße an. Sie waren hässlich, mit kleinen ängstlichen Fenstern und spitzen Dächern, als würde hier im Winter irre viel Schnee zu liegen kommen, was aber gar nicht so war. Neben mir furzte der Hund, und Ritas Vater saß steif und aufrecht da und blickte mit gespielter Würde geradeaus. Rita wollte von ihm Dinge über den Wald erfahren, wie groß, wie lang, wie teuer, wie viel und wo und wann und so weiter, aber er antwortete nicht, und auch als sie ungehalten und sauer wurde, sagte er nichts.

Wir fuhren eine Weile über die Bundesstraße, bis Rita in einen Feldweg einbog und den Golf zwischen zwei hohen Maisfeldern durchlenkte. Kleine Kiesel spritzten von den Reifen weg. Das Laub der Stauden war braun und die Blätter hingen schlaff herunter und man konnte die verpackten Maiskolben sehen, wie sie schräg von den Stengeln abstanden, als wäre das Feld eine Zucht für Ersatzbizepse.

Nach den Maisfeldern begann der Wald, die Straße stieg steil an und Rita musste in den zweiten Gang schalten. So sumperten wir eine Weile den Berg hoch, bis uns eine Schranke den Weg versperrte. Ritas Vater stieg aus, öffnete die hintere Tür, worauf der Hund wie etwas wahnsinnig Wildes irgendwohin schoss. Dann suchte der Vater mit langsamen Bewegungen in seinen Taschen nach dem Schlüssel und schloss die Schranke auf. Rita fuhr auf die andere Seite, und ich sah, wie er die Schranke wieder in den Bügel zog und das Schloss einhängte. Rita und ich saßen im Auto und warteten. Saßen da und warteten. Sie kamen nicht und waren nicht mehr zu sehen.

„Sieh doch mal nach, wo die bleiben", sagte Rita entnervt, und so stieg ich aus, um nachzusehen, wo sie blieben. Ich entdeckte sie ein gutes Stück talwärts am Straßengraben. Ritas Vater beugte sich über etwas, und die Vorstehhündin lief wie verrückt hin und her und gab seltsame Laute von sich, als versuche sie, mit verbundener Schnauze zu bellen. Als ich kam, hatte der Alte gerade das Schweizer Taschenmesser, das ich ihm zu Weihnachten geschenkt hatte, in die Hand genommen. Er ließ sich schwerfällig, mit plötzlich zitterndem Oberschenkel, auf ein Knie nieder. Im Straßengraben lag ein Reh. Es sah wunderschön aus, winzig und weich und völlig entspannt, als wären keine Knochen mehr in ihm drin. Ritas Vater blickte zu mir hoch, grinste, streckte mir das Messer entgegen, um mir deutlich zu machen, dass nun das Taschenmesser – mein Weihnachtsgeschenk – zum Einsatz kam. Es war die Jäger-Version einer Victorinox-Edition, mit fixierbaren Klingen und einer speziellen gebogenen Klinge mit Sägezähnen, einem „Aufbrecher", die er jetzt in den hellen, von allerlei kleinem Waldgetier behafteten Rehbauch schob und ihn ruckelnd aufschnitt. Dabei bedachte er mich mit diesem Sieh-mal-her-Junge-jetzt-benutze-ich-dein-Weihnachtsgeschenk-Blick.

„Was ist denn hier los?", sagte Rita, die jetzt auch dazu kam und sogleich erkannte, was hier los war. „Oh, nein, nein, lass das! Lass das!"

Aber die linke Hand des Vaters war schon im Bauch des Rehs verschwunden, hatte sich die miteinander verbundenen Organe gegriffen und riss sie mit einem Ruck heraus. Das Innere des Bauchs, das man jetzt sehen konnte, war schwarz von gestocktem Blut. Ritas Vater flitschte alle Organe durch seine Hand, und mir wurde klar, dass er wie ein Pathologe nach der Todesursache forschte. Er suchte die Kugel. Aber er konnte sie nicht finden. Er ließ die Eingeweide auf den Waldboden sinken, und der Hund steckte seine Nase hinein. Ritas Vater bohrte seinen Zeigefinger in das kleine, dreckverkrustete Einschussloch, dann drehte er den Körper um.

„Kein Ausschuss“, murrte er. „Dreckswilderer.“

„Was machst du denn da? Lass doch das arme Tier...“, sagte Rita.

„Mach den Kofferraum auf“, sagte er und erhob sich, ein Vorderbein des Rehs umklammernd.

„Das arme Tier stinkt doch schon. Was willst du denn damit?“

„Mach auf!“

Rita sah mich kurz an, aber ich war nicht blöd genug, mich einzumischen. Sollte er sein Reh haben. Eines mehr. Was machte das schon?

Vor zwei Tagen war er des Wegs gekommen und hatte mich gefragt, ob ich ein paar Minuten Zeit hätte. Dann hatte er mich in seine große Garage geführt. Ein Geruch nach Aas, Ameisensäure und Öl hing in der Luft. Zwischen dem Krempel, der überall herumlag, stieß man mit den Schuhen beinahe regelmäßig an Putzeimer an, die mit einer öligen, braunen Flüssigkeit gefüllt waren. Was sich darin verbarg, fand ich erst heraus, als ich in einem der Eimer die kleinen Hörner eines Rehbocks erblickte. Im hinteren Teil der Garage standen große, durchscheinende Kanister mit Ameisensäure. Damit bekam man die Gewebereste von den Knochen ab, so dass nur noch die kalte, bleiche Schädelplatte mit den Hörnern, die Trophäe, übrig blieb. Die Wände des Hauses, der Flure, der Zimmer waren mit Hunderten von Trophäen behangen, bis, und jetzt kommts, bis auf sein eigenes Zimmer. Da war: nichts. Nur eine Vitrine mit einer Sammlung von Gewehren, Büchsen und Flinten. Aber keine Trophäen. Ich glaube, er verarschte uns alle.

Wir hatten uns also zwischen dem Krempel und den Todeseimern durchgeschlängelt, bis hin zu einem hellbraunen, traurigen Haufen von noch mehr Tod. Es waren sechs oder sieben bereits ausgeweidete Hirschkühe, aufeinandergeschichtet wie Felle mit Köpfen und Beinen, Augen und Zungen und mattschwarzen, eingetrockneten Nasen. Der Tod ließ die Tiere klein und zart wirken, der Tod schien alles klein zu machen, klein zu kriegen, und wenn das Leben und das Blut aus uns Wesen heraus war, waren wir einfach nur winzig und traurig. Ich hasste dieses Gefühl, aber ich half Ritas Vater dabei, die Kadaver in den Anhänger zu laden, den er draußen geparkt hatte. Ich fragte nichts. Nicht woher, weswegen, wohin. Der kalte, basische Eisengeschmack des Todes war die Antwort.

Und wenn jetzt, heute, noch ein Reh dazukam, so what? Der Tod hatte Platz für alle.

Rita schien es auch einzusehen und öffnete widerstrebend den Kofferraum, und Ritas Vater fand im Kofferraumgerümpel einen Plastiksack, schüttelte ihn aus und legte das kleine Reh mit dem klaffenden Bauch darauf. Wir stiegen ein, Rita hebelte einen Gang rein und wir fuhren weiter.

Sie fragte nun alle naslang, wo er denn sei, der Wald, und Ritas Vater antwortete ein ums andere Mal: „Kommt schon. Kommt schon."

Irgendwann fiel mir eine Veränderung auf. Bisher war der Wald recht ordentlich gewesen, gesunder Mischwald, mit hohen, ästearmen Fichten und starken Buchen, alles sauber, kaum Unterholz. Richtiger Nutzwald. Und nun war alles anders. Links und rechts der Straße war der Wald mit einem Mal undurchdringlich, ein Dickicht aus armdicken Fichten, deren Äste ineinander verhakt waren.

„Hier ist es, halt an", sagte Ritas Vater.

Was für eine Überraschung!, dachte ich.

Wir stiegen aus und sahen uns den Wald an.

Es war ein erbärmlicher Wald.

Hier hatte seit Jahren keiner mehr ausgeholzt. Er war bereits undurchdringlich, und man müsste sich in ihn hineinarbeiten, indem man die dünnen Fichten fällte und wegschaffte, Fichtenstangen, die gerade mal zu Zaunpfosten taugten oder als Halterungen für Stangenbohnen oder schnell wegflackerndes Brennholz.

Ritas Vater sagte, dass er niemanden gefunden habe, der diese Arbeit übernommen hätte. Nicht mal, als er das Holz und ein wenig Geld angeboten habe. Als er es sagte, sah er mich dabei an, und Rita sah auch mich an, und ich sah die verdammten Stangen an und wusste, dass das Umsägen kein Problem war, aber die vielen Äste waren ein Problem. Bis man an die großen Buchen und die hohen, astlosen Fichten und die Lärchen herankam, musste man die Stangen alle umlegen. Ich malte mir aus, wie ich mit der kleinen 30er-Stihl die Stangen umschnitt und mit dem Gertel Tausende Ästchen abhackte. Ich sagte nichts und sah die Enttäuschung in Ritas Gesicht. Sie wusste mein Schweigen zu deuten, sie wusste, wie gerne ich im Wald arbeitete, und sie wusste jetzt, dass ich nicht in diesem Wald arbeiten würde. Es war ihr Wald. Sie hatte ihn, wie das Haus, von ihrem Großvater geerbt. Jetzt hatte sie ein Haus und einen Wald. Für die Reparaturen im Haus hatte sie ihre Ersparnisse drangegeben und jetzt brauchte sie neues Geld.

Wir stiegen wieder ein und fuhren schweigend den Berg hinunter. Ritas Vater saß da wie immer, und ich musste an die Geschichte denken, die Rita mir erzählt hatte.

Ritas Vater hatte Ritas Mutter beauftragt, aus alten weißen Betttüchern einen Überzug für seinen VW Käfer zu nähen. Damit war er im Winter, als Schnee lag, zu den Futterkrippen des Wilds gefahren, hatte Heu eingefüllt, den

VW mit den weißen Tüchern verhüllt und sich mit dem Gewehr auf die Lauer gelegt.

Ich sah von schräg hinten auf sein schlaffes, ausdrucksloses Gesicht, gesprenkelt von kleinen Trinkeräderchen, obschon er überhaupt nie etwas trank, und zweifelte wieder an der Geschichte. So etwas tat man nicht. Niemand tat so etwas.

Dann aber dachte ich an die vielen Eimer mit den Rehköpfen in der Garage und die Kadaver der Hirschkühe und an das winzige Reh hinten im Kofferraum. Was sie alle verband, war der Tod. Sie waren alle tot, getötet worden. Ich hatte auch schon getötet, aber ich hatte mich jedes Mal schlecht gefühlt, bleiern und taub, und ich habe es nie wieder vergessen, weil Töten das Einzige war, was bis in alle Ewigkeit Bestand hatte, und man nach dem Töten verstand, dass nichts anderes als der Tod für immer war.

Vielleicht war es das, dachte ich, was Ritas Vater antrieb, immer wieder zu töten. Diese Suche nach Dauer, nach Ewigkeit. Das dachte ich, und dann dachte ich, dass es vermutlich reiner Unsinn war. Er knallte einfach gerne Tiere ab. Aber sicher war ich nicht.

Irgendwann in der Nacht kam Rita und kroch zu mir ins Bett. Sie roch nach Bier und Zigaretten. Ich stellte mich schlafend und dachte an den Rasen, den ich morgen zu Ende mähen würde. Falls sie nicht wieder ankamen, um irgendwas anzusehen, das sich zu Geld machen ließe, wenn man sich nur darum gekümmert hätte.

DER HUND

Dollis Hund hatte einen Namen, wie alle anderen Hunde auch, aber keiner von uns konnte sich an ihn erinnern. Aber wir erinnerten uns genau daran, wie er in Dollis Büro neben dem Schreibtisch lag und starb. Er lag auf dem grauen Boden, hechelte vor sich hin, und sein verkrebster, haarlos gewordener Bauch schien über den Kunststoffboden zu fließen wie Mennige durch Asche.

Der Gestank seines Sterbens trieb uns immer zur Eile an, wenn wir am Freitag unseren Lohn abholten, aber keiner sagte etwas zu Dolli wegen des fauligen Gestanks. Kein Einziger.

Ich hatte Arbeit unten am See, verlegte mit zwei Arschgeigen 20-Zoll-Mannesmann-Rohre in die ausgehobenen Gräben in den Viehweiden und Obstplantagen. Es war schon fast Herbst. Die Luft war klar und glasig, nachdem sich der Nebel aufgelöst hatte, und es wurde warm, wenn die Sonne kam. Ich hatte mir eine neue Jacke gekauft und zog sie am Freitag an, als ich in die Stadt fuhr, um bei Dolli meinen Lohn zu holen. Ich trug kein Hemd unter der Jacke und ich war schon etwas betrunken, als ich im Büro ankam.

Normalerweise trank ich erst nach der Auszahlung etwas, aber diesmal hatte ich schon im Bus etwas getrunken, ein oder zwei Bier. Es war wegen der Jacke. Sie fühlte sich großartig an auf der Haut, fremd und etwas steif, aber doch auch weich und sauber, und ihr Geruch nach neuer Jacke war so gut, dass ich mir wünschte, dass er für immer bleiben würde. „Der Mann hat kein Hemd an und trinkt Bier", sagte ein Kind im Bus, und alle taten so, als sähen sie es nicht, und niemand sagte etwas, auch das Kind sagte danach nichts mehr. Was immer die Leute von mir dachten, es war falsch. Ich war ein hart arbeitender Kerl. Ich hatte eine Freundin, die mich nicht mehr liebte. Und ich lernte gerade, was Eifersucht war und dass Eifersucht vor nichts haltmachte. Nicht vor Haltegriffen im Bus, die von ihren Fingern umfangen wurden, nicht vor dem Stoff ihrer Wäsche und vor den Kettchen auf ihrer süßen Haut, nicht vor dem Lack, den sie auf ihre Zehennägel auftrug, vor nichts, vor nichts, vor gar nichts, sie schloss alles ein, was sie berührte, und alles, von dem sie berührt wurde, denn was immer es war – es war nicht ich.

Als ich im Büro von Dolli ankam, war es irgendwie besonders. Sie sah mich seltsam an, als sie mir die Scheine auf den Tisch zählte. Sie lächelte und starrte auf meinen Bauch unter der offenen Jacke. Hinter ihren Augen war etwas.

Wie alt war sie eigentlich? Vielleicht vierzig. Ich hatte keine Vorstellung davon, was vierzig bedeutete. Ab fünfundzwanzig wurde alles irgendwie verwischt und unklar.

Dolli machte einen Witz über mein fehlendes Hemd, den ich erst einen Monat später verstand. Ich machte, wie alle anderen, dass ich wieder aus dem Büro rauskam. Der Hund. Es war richtig schlimm mit ihm.

Zu Hause war niemand anzutreffen und ich zog mir ein Hemd an, fuhr zum Bahnhof und kaufte mir ein Ticket nach Brindisi. Ich stieg in den wartenden Zug, stand die ganze Nacht im engen Flur herum, stieg in Brindisi wieder aus, ging zum Hafen und nahm die Fähre nach Patras. Dann trudelte ich einen Monat, berauscht von Sonne und

Meer und Wein, durch den Peloponnes. Ich hatte zwei Affären, aber es half nichts. Nichts half. In den Markthallen von Athen kaufte ich einen Schwung Ansichtskarten und verschickte sie. Am Schluss blieb eine übrig. Das Bildnis eines Satyrs mit beeindruckender Erektion. Ich glaube, er grinste. Und man konnte verstehen, warum er grinste.

Ich adressierte sie an Dolli.

Und so kam es.

Dollis Hund lag immer noch im Sterben. Der Gestank, den er verbreitete, hatte, wie sie mir sagte, nun doch zu Klagen geführt. Aber sie mochte ihn nicht allein zu Hause lassen und ignorierte die Beschwerden. „Er ist schon mein halbes Leben bei mir", sagte sie. Ich glaubte ihr nicht. Wegen ihres Alters. Aber ich verstand, warum sie ihn nicht alleinlassen wollte.

Da es Winter wurde, hatte Dolli keine Jobs mehr für einen wie mich. Das würde mich in Schwierigkeiten bringen. Ich sah, dass Dolli die Karte mit dem Satyr ans Mitteilungsbrett gepinnt hatte. Sie sah mich merkwürdig intensiv an, als ich es bemerkte. Sie sagte kein Wort, aber ihr verhangener Blick sagte alles.

Zwei Tage später gingen wir zusammen ins Theater. Theater, das kannte ich. Von früher. Für mich war es ein Ort, wo man arbeitete, wo man auf der Bühne Dinge herumtrug, wo man Soffitten an die Stangen knüpfte, Prospekte ausrollte und wo die Seitenmeister die Techniker anbrüllten. Das war das Theater, wie ich es kannte. Wenn ich von der Bühne in den Zuschauerraum geblickt hatte, war er leer gewesen. Nun saß ich im Publikum. Es gefiel mir nicht. Zwischen all den unbekannten Menschen, die so taten, als wären sie hier zu Hause, als kämen sie täglich hierher. Das Stück war in Ordnung, vor allem, weil es nicht lange dauerte. Ich war Dolli dankbar, dass sie kein langes Stück ausgesucht hatte. Nach der Vorstellung gingen wir backstage und Dolli stellte mich den Schauspielern vor. Sie kannte alle. Sie trank eine Menge Weißwein und glühte durch die Premierenfeier, als wäre sie zum ersten Mal im Leben wirklich glücklich.

Ich wusste, was es zu bedeuten hatte, konnte die heimlichen Blicke, die von der Seite auf mich trafen, lesen, ich wusste, dass ich hier die neue Eroberung von Dolli gab. Ich tat so, als wäre es mir egal, vielmehr, ich tat so, als wäre es nicht so, und trank alles, was ich finden konnte.

Im Taxi schlug ich den Kragen meiner blonden Biberlammfelljacke hoch und Dolli sagte, dass ich aussehe wie der junge Bob Dylan im Fond seiner Limousine. „Verletzlich. Unnahbar. Genial!" Das klang gut. Aber die Sonnenbrille fehlte. Und die glubschäugige Katze.

Neben dem Bett lag der Hund. Es war noch schlimmer als im Büro. Es war kaum zu ertragen. Dann sagte sie, dass sie „da unten was habe". „Nichts Schlimmes", fügte sie rasch hinzu. Sie hätte „da unten" einen Tumor groß wie ein Schweinekopf haben können, er wäre nicht so schlimm gewesen wie der Gestank, der die Wohnung ausfüllte wie eine Flüssigkeit, ein Geruch nach verwesendem Fleisch, der selbst auf der Seife im Bad haftete, mit der ich meine Hände wusch, nachdem ich mir den Finger in den Hals gesteckt hatte.

Später zeigte sie mir ein Geschenk ihres Ex-Liebhabers. Es prangte über dem Bett und sah aus wie ein kleiner Baum, den ein starker Arm aus dem Boden gerissen hatte. Mit Wurzelwerk und allem. Ihr Ex war ein bekannter

Künstler. „Du erinnerst mich an ihn“, sagte sie, während der Gestank und das Hecheln des Hundes das Bett umfloss. „Du bist wie er. Du bist stark und gut. Stark und gut.“

Der Baum machte mir irgendwie Angst. Und das, was sie sagte, auch. Mehr noch, *wie* sie es sagte. Es klang beschwörend, wie ein Orakelspruch. Eine Verwünschung.

Das nächste Mal, als wir uns trafen, war „da unten“ wieder „alles normal“, und im Bett machte ich es mit ihr, wie ich es gerne mit meiner Freundin gemacht hätte. Aber nur zu Beginn. Dann roch ich den Hund, und der Geruch ließ mich daran denken, dass ich „da unten“ möglicherweise an das „Etwas“ anstupste, und dann war es nur noch eine Qual und ich hörte irgendwann auf, obschon sie falsch und übertrieben stöhnte, um mich nicht zu entmutigen.

Beim nächsten Mal gab sie mir Geld. Dafür sollte ich einen ihrer antiken Schweinslederstühle reparieren, ein Monstrum wie aus einem Rittersaal, mit Metallnieten und punzierten Emblemen. Ich nahm das Geld. Ich war eine Nutte, aber es war mir egal. Wenn ich gewollt hätte, hätte ich mich auf die Stuhlreparatur rausreden können, aber das tat ich nicht.

Dann bekam sie Ärger mit der Geschäftsleitung. Der Hund. Sie wurde vor die Wahl gestellt, entweder den Hund zu Hause zu lassen oder ihren Schreibtisch zu räumen.

Niemand brachte es übers Herz, ihr zu sagen, dass sie nicht dumm sein soll. Sie war aufrichtig empört und sie verstand nicht, warum es Menschen gab, die den Geruch ihres sterbenden Hundes nicht mehr ertragen konnten. Ich denke, sie roch es schon gar nicht mehr.

Sie räumte unter Protest ihren Schreibtisch. Zwei Tage später starb der Hund, und ich verschwand aus der Stadt, ohne mich zu verabschieden und ohne den Stuhl repariert zu haben.

Monate später saßen wir zufällig in derselben Kneipe, nur durch zwei Tische getrennt. Unsere Blicke trafen sich. Weiter war nichts. Nicht mal ein Hallo. Nur dieser eine Blick ihrer erloschenen Augen. Der Hund, dachte ich. Aber eigentlich wusste ich es besser.

EIN GUTER KERL

Eines Abends, es war Freitag, kam ich zurück in mein Zimmer und es war – leer. Ich stand da, blickte in dieses Nichts und lächelte. Ich hatte mich in der Tür geirrt. Ein freies, unvermietetes Zimmer. Ich schloss die Tür wieder. Nur sonderbar, dass mein Schlüssel passte. Und die Nummer 17 stimmte auch. Gab es zwei Zimmer mit der Nummer 17? Eines mit meinen Sachen drin und eines ohne?

Ich ging den langen, engen Flur entlang. Eine Tür nach der anderen sah ich mir an, aber es gab keine zweite 17.

Es war, als hörte ich mein Hirn ächzen, als schultere es zwei Sack Zement. Ich ging zurück zur 17. Ich schob die Tür auf. Langsam. Nun würde sich alles aufklären. Alles wäre wieder so, wie es sein musste. Ein Flashback, nichts weiter, eine Sinnestäuschung, hervorgerufen durch zu viel harte Arbeit, zu viel Alkohol, zu viel Einsamkeit, zu viel Zuviel. Kann ja mal vorkommen. Nicht weiter schlimm. Kann jedem passieren.

Aber das Zimmer blieb leer. So leer, dass man es nur hätte leerer machen können, wenn man die letzten fettigen Staubkörner aus dem Spannteppich gesaugt hätte.

In der Spiegelung des Fensters konnte ich den überraschten Idioten sehen, der in der Mitte des Raums stand und nicht wusste, was er tun sollte. Unerträglich. Eine Provokation. Ich trat ans Fenster und setzte eine rechte Gerade in die Visage des Idioten. Guter Schlag. Der Kerl war nicht mehr zu sehen. Lag vermutlich im Ringstaub. Ich musste ihm die Vorderzähne ausgeschlagen haben, denn mein Knöchel blutete. Das Blut lief nur so heraus und triefte nach unten, wo der Idiot hätte liegen sollen, wo aber nichts war außer dem gallefarbenen Spannteppich, der mein Blut in sich hineintrank.

Das Fleisch des rechten Mittelfingers unter dem Knöchel war aufgepilzt. Sehr gut. Das brachte mich zur Besinnung. Das, und die übermütig hereinschießende Winterluft. Ich spürte, wie sie meine Waden umspülte. Das war vielleicht nicht so gut. Wie der Rest auch. Gar nichts war gut. Aber zumindest war es klar. Und offensichtlich. Das schon.

Der Vermieter, ein herzensguter Menschenfreund von der Sorte Göring, hatte meine Sachen beschlagnahmt. Oder wie immer man das nennen wollte. Warum? Ich war mit der Miete im Rückstand. Und nun war alles irgendwo. Weggesperrt. Das Mobiliar, das nicht mir gehörte, meine Kleider, meine Taschen, die Bücher und auch die geborgte Reiseschreibmaschine war weg. Sie gehörte dem Padre einer namibischen Mission, auf Heimatbesuch. Sie hatte einen grauen, aufgerauten Metalldeckel, und manchmal schrieb ich Texte für Lovesongs auf ihr, Songs, die ich dann wieder wegwarf, weil ich niemals eine Melodie für sie finden würde.

Ich empfand Bitterkeit. Wegen der geborgten Schreibmaschine. Nur ihretwegen. Der Rest war mir egal. Der Padre hatte mir vertraut. Es war die Maschine seiner toten Mutter, hatte er gesagt. Ein Padre in Namibia kannte sich vermutlich mit Enttäuschungen aus, aber ich wäre gerne die Ausnahme gewesen. Was weiß ich warum.

Das rührte mich. Das machte deutlich, welch guter Kerl ich war. Ein guter Kerl, der sich wegen einer geborgten Schreibmaschine grämte, obschon dieser gute Kerl hundert Gründe für Bitterkeit hätte. Einen ganzen Strauß voll. Denn das ausgeräumte Zimmer war nicht alles, was ihm an diesem Tag widerfahren war. Oh nein.

Oh nein!

Die Götter hatten ihn heute zugeschissen. Alle zusammen. Und alle auf einmal.

Aber lassen wir das. Reden wir nicht davon.

Doch. Reden wir davon. Denn dieser gute Kerl hatte das Recht, davon zu reden.

Ich legte mich auf den gallefarbenen Spannteppich neben den Blutfleck. Ich zupfte einen Zipfel meines Holzfällerhemdes aus der Jeans, öffnete die zwei untersten Knöpfe und drückte den Stoff auf die Wunde. Das tat weh und war unbequem, aber nicht so schmerzhaft und unbequem wie das, was noch vor mir lag. Der Hemdzipfel sog sich mit Blut voll und wurde sumpfig. Warum nur hatte ich dem Idioten eine verpassen müssen? Hätte das Ding für Göring aufsparen sollen. Aber ich wusste nicht, wo Göring war. Wusste nicht mal, wie er aussah. Vermutlich wie Göring. Oder Goebbels. Oder Mengele.

Das Blut kam und kam. Seltsam, dass es nicht aufhören wollte. Die Winterluft schwallte durch das zerbrochene Glas. War doch egal.

Hatte ich noch Geld? Ja, ich hatte noch Geld. Ein paar Münzen. In der vorderen rechten Hosentasche. Ich konnte sie nicht zählen, denn dazu hätte ich die blutende Hand in die Tasche zwängen müssen. Aber ich wusste auch so, wie viel es war. Wenn ich noch jemanden fand, der was drauflegte, reichte es für ein Glas Bier. Das wäre dann auch geklärt. Was aber nicht geklärt war, war das Unglück, dass diesen guten Kerl heimsuchte. Was hatte er denn verbrochen? Nichts. Nichts. Weniger als nichts.

Er hatte die ganze Woche auf dem Bau gearbeitet.

Als er dann im Büro sein Geld holen wollte, jenes Geld, das er Göring für das Zimmer gegeben hätte, war das Büro nicht mehr da. Wie seine Sachen nicht mehr da waren. Es war der Tag der verschwindenden Dinge. Magic. Black Magic. Es war ein Tag zum Fürchten.

Ich hatte gleich erkannt, dass etwas nicht stimmte. Schon als ich die Jungs vor dem Haus, in dem sich das Büro befand, stehen sah. Was standen die blöd herum? Warum waren sie nicht im Vorraum, den Kasten mit den kleinen Bierflaschen zu Füßen? So wie immer. Quatschend oder schlafend, trinkend und stinkend, angebend oder schimpfend, aber vor allem – wartend, bis sie an der Reihe waren, sich die Scheine auf den Tisch zählen zu lassen. Warum waren sie nicht dort? Warum unten auf der Straße?

Ihr wisst es. Das Büro war nicht mehr. Die Firma hatte sich in Luft aufgelöst. Firmenschilder, Mobiliar – alles weg. Ein Coup der Leihfirma. Abgehauen mit den Lohngeldern. Abgetaucht. Zusammen mit den beiden sanften, edeläugigen afghanischen Windhunden, die nach Moschus und Sandelholz rochen und sich niemals bewegten, Hunde, die uns Vertrauen einflößten, auch in die Macker mit den Schnauzern, denen sonst niemand vertraut hätte, denn ohne die beiden Hunde hätten sie nur ausgesehen wie angeschwulte Zuhälter. Aber sowas sagt sich leicht im Nachhinein. Wir waren darauf reingefallen. Wir unbedarften Helden der dreckigen Maloche.

Und jetzt? Was tun?

Einer rief die Bullen.

Sie kamen tatsächlich, hörten sich an, was wir zu sagen hatten, machten ratlose Gesichter, zuckten die Achseln, versuchten die Aufgebrachten unter uns zu beruhigen und verwiesen auf den Rechtsweg. Der Rechtsweg! Der war gut. Ich hatte den Eindruck, dass die Bullen uns am Liebsten geraten hätten, doch die Bullen zu rufen. Der Rechtsweg! Ich konnte förmlich hören, wie die Götter auflachten, sich glucksend auf die Schenkel klopften und wie sie sich gutgelaunt ansahen: „Der Rechtsweg! Der war gut, was?", sagte der fieseste von allen Göttern. Oder war ich es selbst?

Unser Geld war futsch. So viel war sicher. Unsere Jobs waren auch futsch. Oh, Mann!

Ja, guter Kerl, sing diesen Song! Finde die schlichten Worte zur Melodie deiner Schritte, auf dem Weg in deine Klause, für die du jetzt die Miete nicht zahlen kannst. Aber wenigstens ist es noch da, dein Zimmer, dein Bett, deine Bücher, die Reiseschreibmaschine des Padre. Alles halb so schlimm. Der Rest wird sich finden.

Hahaha. Der war auch gut, was!

Ich lag auf den Teppich und war empört. Ich war ein Opfer. Ich tat mir leid. Ich hatte nichts falsch gemacht, nicht dieses Mal. Die anderen Male schon, aber nicht dieses Mal.

Die Geburt der Tragödie. Ein Mann. Allein. Und was immer er tat, es war falsch. Das war das Prinzip. Ich begriff es. Die Götter. Sie nehmen dir alles weg. So. Und das Schlimmste dabei: Du bist unschuldig. Du hast nichts getan. Du bist nur ein guter Kerl. Du hast getan, was getan werden musste, hast versucht, ein guter Mensch zu sein, hast dir Mühe gegeben, niemanden zu verletzen, zu kränken, zu beleidigen. So war es doch, oder?

Aber es war nicht genug. Es war einfach nicht genug. Die Götter schissen drauf. Auf deinen guten Willen. Auf dein Bemühen.

Sie wollen sehen, wie du damit fertig wirst, wenn sie dir alles wegnehmen. Das macht ihnen Freude. Das ist ihr TV-

Programm. Diese Mistsäcke! Scheißkerle! Arschgefickte Affenärsche! Wer hat das so eingerichtet? Wer ist dafür verantwortlich? Wer?

Sagen wir mal, die Götter sind schuld. Aber wer wusste das schon? Graue Theorie. Es war, wie es war. Es konnte auch Zufall sein. Alles nur Zufall. Auch dieser Black-Magic-Tag des Verschwindens. Purer Zufall. Aber Götter und Zufall schlossen sich aus. So viel stand fest.

Der Zufall war ein gleisharter Bursche. Mit den verdammten Göttern konnte man wenigstens reden. Man konnte die Faust gegen sie schütteln. Sie verfluchen und sich dabei ins Hemd machen, weil man ihre Rache fürchtete. Aber immerhin. Der Zufall gab nicht so viel her. Der hockte nicht besoffen auf irgendeinem Olymp und hielt Ausschau nach dem nächsten Fick. Wie Zeus, der notgeile Bock. Der Zufall war – einfach. Er geschah. Der Zufall passierte. So simpel war das. Mitleidlos. Kalt und blöde, wie ein Regentropfen, der auf Hundescheiße fiel.

Da lag ich auf dem Rücken, in diesem kleinen, leeren Zimmer. Und draußen war die Stadt. Die Winterluft wuchtete sich durch das kaputte Fenster wie ein übergewichtiger Einbrecher. Züge rumpelten über die vereisten Weichen vor dem Bahnhof. Das Kreischen der Bremsen. Heiß und kalt zugleich, Eisen auf Eisen, nichts Menschliches, nichts Warmes, kein Fleisch und kein Blut, nicht mal die Lautsprecherstimme war menschlich, ein Zischen und dann für einen Moment Stille, nur einen Herzschlag lang, und dann ging es wieder weiter, mit den Zügen und der Stadt, und das alles brachte meine Gedanken auf Gott; ja, da lag ich, blutete und dachte an Gott. Na gut. Warum nicht Gott?

Gott war die Alternative zu den Göttern und dem Zufall. Seine Arbeit unterschied sich in nichts von der des

Zufalls. Aber Gott bestand darauf, dass seine Attacken einen Sinn hatten. Während die Götter nur auf gute Unterhaltung aus waren, reinen Lustgewinn, behauptete Gott, dass alles nur zu meinem Besten geschah. Er sagte: „Du verstehst nicht, was geschieht, niemand versteht es, niemand, außer mir selber, aber es ist besser für dich, wenn du meinen Willen annimmst und akzeptierst, dass nur ich es verstehe. Also hör auf, an der Kiste rumzuhirnen, denn die stemmst du eh nicht."

Das war dieses Gottding.

Damit wäre ich in meiner Lage am besten bedient.

Wenn man auf dem Boden eines kalten, leeren Zimmers liegt, mit nichts als steifen, dreckigen Arbeitskleidern am Leib, ein paar Münzen in der Tasche, die nicht mal für ein Glas reichten, dann war die Sache mit Gott bedenkenswert. Andererseits war es auch schon wieder egal. Götter, Zufall, Gott.

Es half nichts, das Denken. Es half nie etwas. Das Einzige, was hilft, ist Gehen. Gehen hilft. Man geht und denkt und sieht und hört. Was sollte man auch sonst tun? Man geht und sucht einen Ausweg. Es gibt immer einen, obschon es keinen gibt.

Ich erhob mich. Der gute Kerl stand auf.

Ich verließ mein kleines ausgeräumtes Zimmer.

Ich kam nie wieder zurück.

EINE FRAU. EIN MANN. EIN HAUS. EINE ARBEIT.

Sechs oder sieben, vielleicht acht Wochen hatte ich mich nicht mehr gewaschen. Aber Frida fand nichts dabei. „Deine Haut schmeckt salzig und du riechst wie ein warmer Stein an der Sonne."

Wir blickten über die Schlucht, hin zu den gezackten Graten, hinter denen das Feuer der Sonne loderte, das uns bald blenden würde.

„Das macht die Sonne. Sie macht alles rein", sagte ich. Es gab aber auch eine Stelle, die die Sonne nicht rein machte. Für die war das Eiswasser des Brunnens da. Frida wusste das.

Wir saßen vor der Hütte und blickten unverwandt auf die gleißenden Grate, als würde etwas geschehen, das noch nie geschehen war. Hinter uns glitten die Schatten der Gipfel dahin, schnell und ein wenig unheimlich.

„Ich spüre, wie sich die Erde dreht", sagte ich. „Kannst du's auch spüren?"

Frida konzentrierte sich und versuchte es auch zu spüren. Im Inneren der Hütte zischte der Gaskocher, und der Kessel fing an zu bollern. Ich stand auf, ging hinein und machte Kaffee. Die Hütte war im Blockhausstil aus alten Telefonmasten gebaut, und die Bauern nannten sie etwas geringschätzig „den Unterstand". Und mehr war sie wohl auch nicht. Platz für ein Strohlager und einen winzigen Tisch unter einem Fenster, dessen Rahmen mit einem Stück von einem Salzsack bespannt war. Das machte die

Welt tagsüber zu einem hellen, milchigen Rechteck. Nicht mal einen Stuhl gab es, keinen Hocker, nichts, aber für mich war die Hütte das Größte. Denn Frida war zu Besuch.

„Ich habs auch gespürt“, sagte Frida, als ich mit zwei Tassen wieder herauskam.

Dann saßen wir lange auf der großen Schieferplatte vor der Schwelle und tranken Löslichkaffee mit gezuckerter Kondensmilch und redeten über die Welt, die sich drehte, und darüber, ob es wohl wahr war, dass wir es fühlen konnten.

„Wenn die Sonne hinter den Graten hochsteigt, ist es wie der allererste Tag überhaupt“, sagte ich. „Es ist wie von Anbeginn der Welt.“ Das klang fürchterlich, aber es war die Wahrheit. „Man kann sehen, wie der Tag kommt, und fühlen, wie die Welt sich dreht. Es ist... Wie soll ich sagen... Es berührt mich ... Verstehst du... Als könnte ich wieder an Gott glauben.“

Wenn ich mit Frida zusammen war, sagte ich solche Dinge. Sie machte, dass ich diese Gedanken hatte. Vielleicht hatte ich sie auch, wenn sie nicht da war, aber sie wurden dann unter die anderen Gedanken gemischt und zu Alltagskram zermahlen.

„Tust du’s?“

„Was?“

„An Gott glauben.“

„Ich weiß nicht“, sagte ich. „Ich glaube nicht.“

„Du glaubst nicht, dass du glaubst?“

„Ich bin mir nicht sicher.“

„Das ist kompliziert.“

„Aber es ist das Einzige, was hier kompliziert ist.“

Das stimmte. Nicht mal die Bauern waren kompliziert. Man durfte sie nur nicht beim Wort nehmen. Gestern, zum Beispiel, waren sie auf den Alpstaffel gekommen, der alte

Gredig und der dicke Manz, und wenn die sich mal blicken lassen, dann weißt du, dass es etwas zu bedeuten hat. Die steigen nicht aus Jux zur Sennerei hoch und lassen zu Hause die Arbeit liegen.

Die beiden tauchen also auf, zwängen sich auf die Bank in der Küche, trinken kuhwarme Milch und schweigen erst mal ein, zwei Runden. Sie haben etwas auf dem Herzen, aber das dauert, bis sie damit rausrücken. Und wenns dann so weit ist, geht es etwa so:

Manz: „Auf der Bärenhorn ist, so scheint es, eine deiner Färsen."

Mit „Bärenhorn" meinte er die Nachbarsalp.

Ich (mit einer Prise Zerknirschung): „Ich weiß. Mir fehlt ein Tier in der Herde."

Dann schlürfen sie wieder Milch. Stille. Nur die Fliegen sind zu hören. Sie dröhnen in deinem Kopf wie Rennboote. Denn du weißt: Du bist dran. Ein Tier aus deiner Herde auf einer andern Alp, das ist – irgendwie – schlimm.

Gredig: „Sie geht mit den andern Rindern."

Pause. Fliegen. Fliegen. Fliegen.

Manz: „Die hat sich schon gut bei denen eingelebt."

Gredig: „Die kann man nicht austreiben und zurückholen."

Ich: „Wird schwierig."

Manz: „Fast unmöglich."

Gredig: „Geht nicht."

Dann müssen sie wieder los. Als wäre es ihnen peinlich, so viele Worte gemacht zu haben. Du begleitest sie hinaus, siehst ihnen nach, wie sie schwer und wiegend in ihren Gummistiefeln Richtung Tal stampfen. Und spätestens wenn sie außer Sicht sind, hast du verstanden. Am nächsten Morgen musst du rüber auf die Bärenhorn – und die Färse holen.

Und dieser Morgen war heute.

„Ich muss los“, sagte ich zu Frida und holte meine allerletzten Schuhe mit etwas Gummiprofil aus der Hütte und zog sie an.

„Der Mann geht zur Arbeit“, sagte Frida, „und die Frau hütet das Haus. So wars doch mal, nicht? Damals, vor vielen tausend Jahren. Gefällt mir – wenn ich hier bin.“

„Hütest du denn das Haus?“

„Wo denkst du hin.“

Eine Frau, ein Mann, ein Haus, eine Arbeit. Eine Frau, ein Mann, ein Haus, eine Arbeit. Das waren jedes Mal vier Schritte. So Sachen machte ich beim Gehen. Es half, einen Rhythmus zu finden. Eine Frau, ein Mann, ein Haus, eine Arbeit.

Und jetzt, wo ich wieder allein war, war es noch schöner, das mit Frida. Denn ich hatte die Erinnerung an die Nacht zuvor, und ich hatte auch das, was wieder sein würde, wenn ich zurückkehrte. Am besten war es allein. Dann war es zugleich danach und davor. Eine Frau, ein Mann, ein Haus, eine Arbeit.

Der Pfad zur „Bärenhorn“ schlängelte sich durch dichte Alpenrosenbüsche, an denen meine Beine anstreiften. Die wenigen Fußspuren, die ich entdeckte, waren undeutlich und vom Regen ausgewaschen. Hier ging kaum einer durch. Und auch ich hätte hier nicht durchgehen müssen, denn die Sache mit der Färse war tatsächlich wahr. In freiem und steilem Gelände ein einzelnes Tier von seiner Gruppe zu trennen war für einen Mann kaum zu schaffen. Ein junges Tier, das von seiner Herde getrennt wird, verfällt in Panik und wird alles tun, um sofort wieder in die Herde zurückzukommen. Mir stand ein Kampf bevor, von dem alle sagten, dass man ihn nicht gewinnen konnte, aber den ich gewinnen musste. Jeder wird dir sagen: „Klar, Mann, eine Färse kannst nicht austreiben. Unmöglich." Aber wenn du zulässt, dass eines deiner Tiere das Gras eines anderen frisst, bist du unten durch. Mir fehlte der Mut, unten durch zu sein.

Der Hirte der Bärenhornalp stand im gerippten, vom Bauch gewölbten Unterhemd am Fenster seines Hauses und blickte mürrisch zu mir hinunter.

„Sie ist dort oben", sagte er und streckte einen bleichen, behaarten Arm aus. Obschon wir uns noch nie begegnet waren, schien er zu wissen, wer ich war und was mich herführte. Seine Alp erstreckte sich wie eine riesenhafte grüne Zunge von den Grundmauern seines zweistöckigen Hauses bis zum Horizont, wo sie sich zwischen zwei spitzen Felshörnern verlor. Überall verstreut waren die Tiere zu sehen. In der Distanz wirkten sie winzig, wie die Figuren aus Kastanien und Streichhölzern, die wir als Kinder gebastelt hatten.

Es schien, als wäre er eben aus dem Bett gekrochen, hätte sich gerade ausgiebig am Hintern gekratzt und überlegt, ob er sich heute die Zähne putzen sollte. Er war alt. So um die vierzig, und ich fragte mich, wo seine Frau war, denn ich wusste, dass seine Frau die ganzen drei Monate mit ihm hier oben lebte, was ungewöhnlich war. Zumindest erschien es mir ungewöhnlich, denn die anderen Hirten, die ich kannte, lebten allein, wie ich. Wir hatten vielleicht mal Besuch, das schon, aber mehr nicht, wir blieben für uns.

Aha, da war sie schon. Die Frau. Sie erschien im Nebenfenster, verschränkte ihre Arme über der Brust und ließ ihren Blick schweifen. Sie sah aus wie ihr Mann, und sie sagte: „Dort." Dann machte sie eine Bewegung mit dem Kopf. „Dort."

Eine Frau, ein Mann, ein Haus, eine Arbeit.

„Wo?", sagte ich.

„Dooort!", wiederholte sie, als spräche sie mit einem Halbidioten, der den Boden vor sich nicht sehen konnte.

Der Hirtenmann sagte nichts, sondern sah angewidert hinauf zu den Felshörnern, die gerade von der Sonne vergoldet wurden.

Nun fühlte ich plötzlich einen tiefen Hass auf die beiden, wie sie so nebeneinander in den Fenstern ihres Hauses standen, so mürrisch und verstockt und alt und noch vom Schlaf gezeichnet.

Eine Frau, ein Mann, ein Haus, eine Arbeit.

Ich stellte mir vor, wie die beiden ihre Tage verbrachten – er irgendwas bosselnd, sie irgendwas herumköchelnd, schweigend und zu stumpfsinnig, um sich zu langweilen, und wie er ihr dann, in der absoluten Dunkelheit des Schlafzimmers, von hinten zwischen die Beine greift, und wie sie ihn halb knurrend, halb keifend abwehrt und er geil und zornig aufsteht, nach unten in die Küche geht, um sich einen Schnaps einzugießen.

Diese Vorstellung gefiel mir, und nun hasste ich sie nicht mehr so sehr, denn ich dachte an Frida und an unsere Nächte, und wenn ich an Frida dachte, konnte ich nicht hassen. Ich drehte mich um, ließ sie in ihren Fenstern stehen und machte mich auf die Suche nach der Färse.

Der Kampf dauerte fast den ganzen Vormittag.

Ich weiß nicht mehr, wie oft es mir gelungen war, die Färse von der Gruppe zu trennen und sie einige Meter talwärts zu treiben, und ich weiß nicht mehr, wie oft es ihr wiederum gelang, nach oben zu entwischen. Ich weiß es nicht. Ein falsch gesetzter Schritt, ein Zögern, ein kleines Stolpern, und die Färse erkannte die Lücke aus ihren Augenwinkeln, drehte ab, galoppierte zu den anderen, und es war vorbei. Auch weiß ich nicht mehr, wie oft ich mich ins Gras sinken ließ, fluchend und heulend. Ich weinte vor Zorn, ich hatte die ganze Zeit über Tränen in den Augen, ich weinte, und ich lachte gleichzeitig über diese unwürdigen Tränen, die meinen Zorn noch anschwellen ließen. Ich weiß auch nicht mehr, wie oft ich aufgeben wollte, zurück zu Frida, ich weiß es nicht. Ich weiß auch nicht, wie oft ich es durchgespielt hatte, das Aufgeben. Aber ich konnte nicht. Ich wollte aufgeben. Aber ich konnte nicht.

Warum stand ich wieder auf, sobald ich etwas Atem geschöpft hatte, warum nahm ich wieder den Weg nach oben zur Herde, warum nicht den nach unten, zu Frida? Ich war doch sonst ein großer Aufgeber, oder?

Ich versuchte mich an all meine aufgegebenen Unternehmungen zu erinnern. Ihre Zahl war groß. War ich denn nicht dafür bekannt, Schwierigkeiten aus dem Weg zu gehen? War ich nicht verweichlicht und gemästet, betäubt von Liebe und Bier und an den süßen Nachmittagen am Badesee anzutreffen? Sollte ich etwas an mir übersehen haben? War ich denn nicht der, für den ich mich hielt? Warum gab ich nicht auf?

Warum, zum Teufel, konnte ich nicht aufgeben?

Die Färse gab auch nicht auf. Wir waren beide gezeichnet. Mein Hemd war unter dem rechten Arm eingerissen, die Hose an Knien und der Hüfte von den Stürzen feucht und verdreckt. Die Färse sah nicht besser aus. Ein dünnes, stetes Rinnsal Scheiße lief zwischen ihren Hinterbeinen. Es musste sie verrückt machen, dass dieser Kerl immer wieder kam, um sie daran zu hindern, das zu tun, was sie tun musste, in der Herde sein, aber dieser Mann kam immer wieder und wieder und wieder. Einmal hatte sie laut und klagend geblökt, und die anderen Rinder hatten den Kopf gehoben und mit ihren schönen, ausdruckslosen Tieraugen in ihre Richtung geblickt, ein, zwei Momente lang, aber dann sanken ihre glänzenden Mäuler wieder ins Gras. Man half ihr nicht.

Aber irgendwann, nachdem ich sie fast unten bei der Hirtenhütte hatte, blieb sie stehen. Es geschah plötzlich. Sie ging einfach nicht mehr weiter. Als hätte sie vergessen, wohin sie laufen sollte. Da stand sie. Ihre Flanke flatterte. Das Kotrinnsal war versiegt und begann auf dem hellen Fell zu verkrusten. Ich näherte mich ihr. Ich hatte so ein verdammtes Gefühl. War nassgeschwitzt. Ich ging langsam auf sie zu, fühlte, dass sie nicht mehr weglaufen würde. Ich berührte mit der Hand ihre bebende Seite und hatte wieder so ein Gefühl. Einen Kloß im Hals. Es war traurig und großartig und triumphal. Sie war bereit zu sterben. Ich konnte es fühlen.

Ich tätschelte ihren Hals. Ich empfand Liebe für dieses Tier. Ich war ihm nahe. „Allez!“, sagte ich.

Sie setzte sich in Bewegung und trottete vor mir her. Ich war ihr Hirte. Das war meine Arbeit.

Frida. Sie lag auf der alten Armeewolldecke an der Sonne und winkte mir zu, als sie mich kommen sah. Es war märchenhaft. Alles. Zum Sterben schön.

Eine Frau, ein Mann, ein Haus, eine Arbeit.

HINTER DEM WIND

„Gehen wir vor die Tür und tragen es aus!“, sagte Mexx.

So hatte es angefangen. Aber eigentlich war es das Ende. Nur wusste das noch niemand, aber wir hätten es wissen können, denn es lief nicht gut.

Ich wusste nicht genau, was Mexx meinte. Was austragen? Wenn nur jemand Bescheid gewusst hätte. Aber nichts. Die beiden anderen Arschgeigen hockten am Tisch und starrten auf die weiße Wand der Küche, als würde dort ein Film laufen, den außer ihnen niemand sehen konnte.

„Jetzt gleich“, sagte Mexx, „jetzt tragen wirs aus!“

Also folgte ich ihm hinaus in die Frühlingsnacht. Mann, war die blau! Üppig mit Sternen vollgemacht. Magisch. Und dann der Mistral. Er kam über die Hügelkuppen von Norden und wehte und wehte. Der war an allem schuld. Dieser Scheißmistral! Er machte uns verrückt.

Ich stand im Gras vor dem Haus und wartete. Mexx knurrte, und dann griff er an. Er warf sich gegen mich, schlang seinen rechten Arm um meinen Hals und nahm mich in den Schwitzkasten. Nach drei Sekunden war es vorbei. Ich lag auf dem Rücken, und er hockte rittlings auf meiner Brust. So hatte ich es geplant. Ich packte seine Handgelenke und hielt sie fest. Er machte nur einen einzigen Versuch, seine Hände frei zu bekommen. Ich war stärker. Viel stärker.

„Wie gehts denn jetzt weiter?“, sagte ich.

„Phha! Mit dir kann man sich nicht mal prügeln."

„Du hast gewonnen", sagte ich.

Er wusste, dass ich log. Es sah nur so aus. Er konnte nichts tun, ohne dass ich es ihm erlaubte. Mein gleisharter Griff um seine Handgelenke. Ich hatte verloren und behielt doch die Oberhand. Das war mein neuer Stil.

Die Arschgeigen kamen nicht mal raus, um sich den Fight anzusehen. Die waren fertig. Die hatten an nichts mehr Interesse. Wir lagen am Boden und hörten, wie der Wind den Schornstein wie eine verstimmte Orgelpfeife aufjaulen ließ.

„Scheißmistral!", sagte Mexx.

Jetzt war er wieder okay. Ich spürte, wie er sich entspannte. Ich ließ ihn los.

„Die beiden Arschlöcher in der Küche nerven."

„Und wie", sagte ich.

Wir gingen rein zu ihnen.

Wir waren solche Versager.

Am nächsten Morgen fegte eine Staubwolke über die Serpentinen, an ihrer Spitze der rote Porsche des Doc. Wie ein riesenhafter Federball mit roter Gummikappe. Diesmal kam er allein. Keine Girls. Weder auf dem Sozius, noch auf der Rückbank oder wie das Ding heißt. Aber er brachte frisches Geld und ein paar Kilo Entrecôtes, die er auf den Küchentisch klatschte.

Dann machte er einen Rundgang durch das Haus und sah sich an, was wir gemacht hatten. Oder nicht gemacht hatten. Ich hatte einiges gemacht. Er kam von seinem Rundgang zurück. Er sagte nichts. Aber sein Gesicht sagte so einiges.

Er zog ein Taschentuch aus seiner Hosentasche und wischte sich den Schweiß von der Stirn. Er ging zum

Tisch und drückte mir das weiche, schwere Papier mit dem Fleisch in die Hand. Helles Blut tropfte heraus.

„Können Sie eine Sauce aus zermörsertem Knoblauch, etwas Paprika und Salz machen?"

„Klar", sagte ich. „Ich mache Feuer im Cheminée."

Ich ging nach oben, wo unsere Betten standen, und holte die kurzstielige Axt unter meiner Matratze hervor. Auch die scharfen Steakmesser. Ich ging damit in die Küche, wo sie alle saßen, und warf die Messer auf den Tisch, damit sie verstanden, dass ich sie gehabt hatte und dass ich ihnen niemals trauen würde.

Ich holte ein paar Stücke eines antiken Eichenbalkens aus der Garage, spaltete sie mit der Axt, machte Feuer, und als nur noch die Glut da war, grillte ich darüber die Entrecôtes. Im Mörser zerstampfte ich einige Knoblauchzehen mit Salz und einem Stück kleingeschnittener Paprika. Das ergab eine breiige, glasige Sauce. Sie schmeckte großartig und sehr scharf, als wären es nicht Knoblauchzehen, sondern Jalapeno-Chilis.

Der Doc legte beim Essen ein Tempo vor, mit dem keiner von uns mithalten konnte. Er säbelte sich große Lappen zurecht, spießte sie mit der Gabel auf und schlang sie ohne zu kauen hinunter. Mexx, dem nicht passte, dass jemand schneller essen konnte als er, sagte: „Diese Schlingerei ist doch Gift für den Magen!"

„Ach was", sagte der Doc, „das härtet ihn ab."

„Schwachsinn", murmelte eine der beiden Arschgeigen, und die andere sagte: „Und so ne Scheiße wird von einem Mediziner vertreten. Die Welt ist am Arsch. Aber echt."

Zwei Stunden später war ich mit dem Doc allein. Mexx und die Arschgeigen waren mit ihren Autos weggefahren. Der Doc hatte sie ausgezahlt. Wegschicken musste er sie nicht. Sie wollten nur noch abhauen. Nicht nur wegen des Mistrals. Zu schmerzlich die Erkenntnis, dass man nichts geschafft hat. Dann haut man ab. Das passte zu ihnen. Sie hatten mehr als tausend Kilometer vor sich.

„Ich habe vier Künstlertypen eingestellt“, sagte der Doc in die fremde Stille der Küche hinein, „aber es ging nicht. Schade, schade...“ Es klang wie ein Seufzer. Aber war es vermutlich nicht. Ein Typ, der in einer Minute ein Kilo Entrecôte runterschlingt, seufzt für gewöhnlich nicht. „Wenn Sie nicht gewesen wären...“, fügte er hinzu, ohne allerdings zu sagen, was dann gewesen wäre. Ja, was dann?

Ich würde sowieso im Haus bleiben. Müssen. Ich hatte nichts, wohin ich wieder zurück konnte. Und der Doc hatte nicht gesehen, was ich gesehen hatte. Sein Herz blutete nicht.

„Ich mach weiter“, sagte ich.

„Freut mich zu hören.“

Er gab mir ein abgegriffenes Couvert. Es war voll neuer seidiger Scheine, von roten und blauen Stecknadeln zusammengehalten. Der Doc war bestimmt eine Art Ausländer. Kein Schweizer würde Nadeln in sein Geld stechen.

Mit diesem Geld würde ich Baumaterial kaufen. Und Babyflaschen Champagner. Jambon cru. Eier. Flûtes und Pampelmusen. Fürs Frühstück. Sonst aß ich nichts. Nur das, und die Appetitzügler seines toten Bruders. Eine ganze Schuhschachtel mit Beta-Amphetamin-Pillen. Ein richtiger Schatz, den ich in der Abstellkammer gefunden hatte. Ich mochte den Bruder des Doc, obschon ich ihn nicht gekannt hatte. Es tat mir leid, dass er tot war. Das war die eine Seite. Die andere war die Schachtel mit dem Amphetamin, die ich nicht hätte, wenn er noch lebte. Schlecht für ihn, gut für mich.

Der Mistral wehte und wehte. Strich ums Haus, in dem ich tagsüber arbeitete, rüttelte an allem. Ich verputzte in den Schlafzimmern die gemörtelten Natursteinmauern, zimmerte ein Garagentor und hängte es in den Metallrahmen. Ich machte einige Dinge gegen das Regenwasser, kletterte aufs Dach und deckte den Kamin mit Tonziegeln, schrägte mit Hammer und Meißel den Tuffstein der Fensterbänke ab, damit das Wasser abfließen konnte. Solche Sachen.

Am Abend saß ich im kalten Neonlicht der Küche und wartete darauf, dass die Wirkung der Diätpillen nachließ. Das dauerte. Ich dachte an die Frau, deretwegen ich hier war. Ich wusste nicht einmal, wo sie jetzt war. Manchmal versuchte ich es mit den Gedichten von Rimbaud, die jemand zurückgelassen hatte, mit *bateau ivre.* Aber außer dem Titel gefiel mir nie etwas. Ihr symbolisches Ding langweilte mich. Die Einsamkeit einer blauen Nacht in den Hügeln Südfrankreichs war nicht symbolisch. Die Einsamkeit von vielen Nächten auch nicht. Glänzende Schwärze auf dem Fensterglas, wie Lack. Und draußen der Wind. Manchmal kam er durch den Schornstein und wirbelte die Asche auf. Sie lag auf allem, wie grauer, kranker Flaum. Ich schrieb lange Briefe. Nicht an sie.

In der kleinen Abstellkammer neben dem Badezimmer lag ein Stapel Bücher. Ich nahm mir eins. Es hieß *Lady Chatterley's Lover* von D.H. Lawrence. Ich begann zu lesen. Schrieb Briefe und las. Es gab kein Radio im Haus. Glaube ich. Vielleicht doch. Aber ich stellte es nie an.

Eines Tages tauchte Mona auf. Sie stand einfach vor der Tür und sagte: „Hey!“ Wie hatte sie hergefunden? Sie sagte es mir, aber ich verstand es nicht. Ich ging eine Stunde zu Fuß in den Dorfladen und kaufte ein. Essen, und eine

Flasche Hennessy Cognac. In der Badewanne tranken wir sie aus, im milchigen Wasser, das schwarze Dreieck in den zarten Falten ihrer Pulverschneehaut.

Im Bett sagte sie: „Ich mag nicht, wenn der Typ einfach nur seinen Schwanz in mich hineinstecken will."

Das sagte sie, nachdem wir es gemacht hatten, und zog an einer langen, dünnen Filterzigarette. So nackt war sie, so feucht und weiß und duftend.

Ich sagte, dass ich das verstehe. Das war die Wahrheit. Frauen kriegten was reingesteckt. Dass sie es überhaupt zuließen, war mir ein Rätsel. Das sagte ich ihr aber nicht. Ich dachte wieder an die, die es nicht zuließ und die irgendwo war.

Dann erzählte sie mir, dass sie ihren Freund verlassen hatte und jetzt mit einer Frau namens Lydia zusammenlebte. Und trotzdem war sie hergekommen. Tausend Kilometer.

Zwei Tage später ging sie wieder. Ich begleitete sie ins Dorf, wo es einmal am Tag einen Bus gab, der in die nächste Kleinstadt fuhr, wo es wieder einen Bus gab. Sie ging, wie sie gekommen war.

„Hey!"

Der Bus verschluckte sie geräuschvoll. Pfffff!, machte die Tür. Sie saß am Fenster und machte was mit ihrem Haar, drückte einen Kussmund auf die Scheibe. Ich winkte ihr zu, behielt ihr Lächeln im Gedächtnis und ging in die Dorfkneipe. Es war Freitag. Da kamen sie von nah und fern, all die Handwerker und Bauern, um zu trinken. Jeder gab eine Runde Ricard aus. Oder zwei.

Ich wankte nach Hause. In der Dunkelheit, der schmalen, schimmernden Spur des Kieswegs folgend. Wolken zogen wie Geisterherden über sternenflickernde Weiden. Ich hörte das Getier in den Hecken.

Weit, weit unten, auf dem Boden der Welt, glomm das Licht in der Küche, das ich angelassen hatte. Guter Einfall. Glückwunsch. Dann wurde mir schlecht. Ich stützte mich mit den Handballen auf dem steilen Bord ab und kotzte so lange, bis die Hand in die feuchte Erde eingesunken war.

Dann tappte ich weiter. Irgendwann merkte ich, dass der Mistral nicht mehr da war. Ich blieb stehen und horchte. Nichts. Stille. Hinter dem Wind war die Stille. Ich hatte es schon vergessen. Einfach vergessen. Aber jetzt war alles gut. Ich war wieder hinter dem Wind.

WILDE PFERDE

Zum Frühstück gab es Topinambur. Ich weiß nicht mehr, wie Yolanda ihn zubereitet hatte, aber es gab Topinambur, ganz bestimmt, denn es gab immer Topinambur. Täglich. Jeden Morgen, jeden Mittag, jeden Abend. Topinambur. Er wuchs hinter dem Haus, in einem großen Garten, in dem auch anderes Gemüse wachsen könnte, wenn es nicht gerade früher Frühling gewesen wäre.

Es gab auch Brot zum Frühstück, ein Gemenge aus ungemahlenen Körnern und gemörserter Kleie. Oder sowas. Eine Holunder-Latwerge, die aussah wie gestocktes Schweineblut, die gab es auch, aber hauptsächlich gab es Topinambur.

Nach der Topinambur-Orgie verließen Frans und ich das Haus und machten uns auf den Weg.

„Ich hab ziemlich Schiss vor denen", sagte ich zu Frans, der wie immer ein Stück vor mir herging.

„Was?", rief er, denn der Wind wehte in unsere Gesichter und hatte meine Worte weggetragen.

„Schiss", sagte ich. „Ich hab Angst vor denen."

„Schiss oder Respekt?"

Ich überlegte. Den Kopf im Nacken. Der Himmel über uns war ein großer Brocken nassen Asphalts, der sich über dem Gras der Weiden und den kleinen Wäldchen wölbte.

„Schiss. Eindeutig. Zu viel Respekt ist doch Schiss, oder?"

Frans sagte nichts und stapfte mit seinen erdverkrusteten Gummistiefeln über den Feldweg. Sein Gang hatte sich verändert, seit wir uns das letzte Mal gesehen hatten. Er ging jetzt wie ein Bauer; wiegend, breit und sicher auftretend, als wüssten seine Gummistiefel von alleine den Weg. Er tat, als hätte er nichts gehört. Das Gespräch war für ihn beendet. Die Einsamkeit, die er und Yolanda in dieser Abgeschiedenheit und Fremde miteinander teilten, machte sie maulfaul. Keine gute Gegend für kleinliche, wortreiche Klagen.

Wir kamen zur Weide, durch die sich ein schmaler Bach wand, von Gestrüpp und Büschen gesäumt.

„Wo sind sie?“, fragte ich.

Frans schnalzte einige Male mit der Zunge, entriegelte ein verwittertes Gatter, das ächzend aufschwang und sogleich hinter uns wieder zuging, und dann konnten wir sie sehen.

Sie waren klein und gelb. Wie Haflinger. Aber es waren keine Haflinger, sie waren schlank und elegant und muskulös, und ihre Mähnen waren lang und wild, wie die Haare von kleinen Mädchen, die sich erfolgreich gegen ihre Eltern durchsetzten.

Es war schon seltsam. Ich hatte Pferde geliebt, war richtig verschossen in sie und konnte meine Hände nicht von ihnen lassen. Als Junge war ich auf ihnen geritten, frei und wild und ohne Sattel, und trotzdem sind sie mir fremd geblieben, ich verstand sie nicht, und weil ich sie nicht verstand, war ich nie entspannt im Umgang mit ihnen. Ihre Nervosität machte mich nervös, das Spiel ihrer Ohren, das Tänzeln und ihre immerwährende Bereitschaft zur Flucht. Ich konnte nicht verstehen, dass ein so großes Tier, zehnmal stärker als ein Mann, sich von einem Kind dirigieren ließ wie ein ferngesteuertes Spielzeug. Und weil ich sie nicht verstehen konnte, vertraute ich ihnen nie, obschon ich verrückt nach ihnen war.

„Das erinnert mich an etwas anderes“, hatte Frans gesagt, und ich wusste ganz genau, was er damit meinte, und da lag er nicht falsch.

Wir stapften durch das sumpfige Gras, und als wir so nahe waren, dass wir hören konnten, wie die Grashalme rissen, blieb ich stehen. Der Hengst hob jetzt den Kopf, witterte und trabte dominant heran. Die Stute bemerkte uns nicht, hob nur kurz den Kopf, schüttelte ihre lange fahlgelbe Mähne und graste weiter. Frans ging dem Hengst entgegen. Seine Gummistiefel gluckten im nassen Gras. Der Schweif des Hengstes bog sich von seinem Hinterteil weg, und als er bei Frans ankam, war sein ganzer Körper hellwach und unter Spannung. Er entblösste die braunen Zähne und versuchte sie in Frans Schulter zu schlagen.

„God verdomme!“, rief Frans und sein Gesicht wurde schlagartig rot und böse, und noch während er sich seitlich wegdrehte, versetzte er dem Hengst zwei schnelle, harte Tritte in die Rippen. Es klang wie ein Vorschlaghammer, der auf ein volles Regenfass trifft. Der Hengst nahm die Bestrafung hin, griff nicht an und lief auch nicht weg. Als wärs ihm einfach egal. Nun kam auch die Stute heran. Ihr Kopf ging rhythmisch auf und nieder, wie die Nadel einer Ledernähmaschine. Frans nahm eines der beiden Halfter von seiner Schulter und versuchte es dem Hengst über den Kopf zu streifen. Der Hengst riss nicht aus, aber er ließ sich das Halfter auch nicht anlegen. Die Stute war in einiger Entfernung stehen geblieben und wusste nicht, was sie tun sollte. Ich ging auf sie zu, drehte aber wieder um.

Ich wusste auch nicht, was ich tun sollte.

„Die haben noch nie in ihrem Leben ein Halfter getragen“, sagte er, „sie kamen gestern aus Norwegen. Fjordponys. Ich glaube, die waren noch nicht mal in einem Stall.“

„Aber irgendjemand hat sie irgendwie in einen Transporter gekriegt“, sagte ich.

„Darauf fußt meine Hoffnung“, sagte Frans, als hätte er einen vorgefertigten Satz aus dem Deutschunterricht übernommen.

Später ging ich über den Feldweg zurück zum Haus, um Seile zu holen. Denn das mit dem Halfter anlegen, das war noch nicht so weit. Und ich hatte mehr Schiss denn je.

Ein Tag voller Angst war vorbeigegangen. Ich wusste nicht wie. Frans war unzufrieden und mürrisch. In der Scheune zeigte er mir einen langen Ladewagen mit Deichsel und Zuggeschirr für die Pferde. Hinten in der Ecke, im modrigen Dunkel, umsponnen von alten Spinnennetzen, wartete ein weiteres Ungetüm auf seine Auferstehung. Ein Pflug mit glänzenden Scharen aus rostfreiem Stahl. Das alles harrte der wilden Pferde.

Wir gingen hinters Haus zur Koppel, vorbei an Yolandas Topinambur-Plantage. Sie machte irgendetwas, zu dem sie sich bücken musste. Mit dem hellen Kopftuch und der blauen Schürze sah sie aus wie eine der Frauen auf einem Breughel-Bild, das ich einmal in einem Buch gesehen hatte. Sie richtete sich auf, als wir vorbeigingen, winkte uns zu. Ihr Gesicht war ganz rot von dem Blut, das sich in ihrem Kopf gesammelt hatte.

Auf der Koppel, unter den herabhängenden Zweigen einer Weide, standen die Fjordponys beisammen. Wie es uns gestern noch gelungen war, sie von der Weide in die Koppel zu bewegen, das war bereits ein Tag danach ein schmutziges Geheimnis. Wir sprachen nicht darüber. Es war falsch, was wir taten. Diese kleinen, gelben Pferde! Aber davon wollte Frans nichts wissen.

Wir schlüpften zwischen den Koppelstangen durch, und die Pferde verfielen sogleich in einen nervösen Trab und liefen im hintern Teil des Gevierts den Zaunstangen entlang. Frans nahm eines der beiden Halfter von seiner Schulter und brachte es in Position.

„Hast du's ?", fragte er.

Ich hatte es. Meine Hosentaschen waren voll seidiger Haferkörner. Das war die Idee. Locken mit Hafer. Übertölpeln mit Hafer. Gewinnen mit Hafer. Die Siegertrophäen waren die kleinen, dunklen Flaschen mit Belfort-Bier, die Frans in der Speiseschatzkammer aufbewahrte und die er bewachte wie ein Erzengel den Eingang zum Paradies. Und für mich waren sie das Paradies. Süßes, dunkles, perlendes Bier.

„Wir trinken Belfort, wenn beide Halfter tragen", hatte Frans gesagt. Das war unser Soll für gestern gewesen. Nicht erfüllt. Kein Belfort. Und für heute galt es nicht mehr.

Als Yolanda zum Essen rief, waren wir noch nicht im Belfortmodus. Nur Topinambur. Und das brotartige Körnergemenge. Kräutertee. Frans beschmierte seine Schnitte mit etwas, das so aussah wie die Holunder-Latwerge, aber anders roch. Vermutlich gestampfter Topinambur. Ich nahm mir einen Kanten Brot und meine Zähne verrichteten die Arbeit der Mühle und ich dachte daran, wie arm sie waren. Arm sein war so eine Sache. Sie hatten alles, was sie an Geld erspart hatten, in das Haus und das Grundstück gesteckt. Und in die Pferde. Die kleinen, wilden Pferde. Aus ihnen sollte ein Traktor werden. Ich hasste den Gedanken. Wie den Topinambur. Aber Yolanda holte eine Pfanne vom Herd und tat jedem einen Schöpfer in Öl geschmorter, gelber Rüben dazu. Oh, yeah, Mann, oh yeah!

Die nächsten Tage waren voller Gefahr. Nachdem es uns gelungen war, den Pferden Halfter anzulegen, zogen und drängelten wir sie in den Stall und banden sie fest. Ich lernte, dass Hengste nicht mit der Hinterhand ausschlagen – das war den Stuten vorbehalten –, sondern dass Hengste hochsteigen und beißen. Wann immer man ihnen Gelegenheit dazu bot. Die Stute trat nach uns, sobald wir in Reichweite ihrer Hinterhand kamen.

Die Luft war voll Adrenalin. Zuerst im Stall und dann auch im Hof, wo wir versuchten, sie ins Geschirr zu bekommen, ihnen eine Trense ins Maul zu schieben. Frans und ich wurden halb verrückt dabei, und unser adrenalingetränkter Schweiß mischte sich mit dem Geruch des flockigen Schaums, der von den Flanken der panisch mit den Augen rollenden Pferde abfiel wie schmutzige Baumwollblüten.

Manchmal dachte ich daran, wie es wäre, wenn wir einen der Tritte abbekämen und unsere Knochen im Fleisch darob zersplitterten. Ein Treffer, der alles entscheiden konnte. Der nächste Arzt war 50 Kilometer weit weg, 50 Kilometer Feldweg und Landstraßen mit Yolandas R4. Ich weiß nicht, ob Frans auch daran dachte, aber bestimmt dachte Yolanda daran, wenn sie vom Garten kam, stehenblieb und uns zusah. Wir winkten ihr dann munter zu, damit sie sich nicht solche Sorgen machte.

Ich weiß nicht wie, aber wie kriegten es hin. Die wilden Pferde waren im Geschirr, und wir übten erst mit dem Wagen, bevor es an den Pflug ging. Die wilden, kleinen, gelben Pferde im Kummet. Ich fühlte mich schuldig. Diese schönen gelben Pferde. Und jetzt zogen sie einen dummen Ladewagen, den der Vater von Yolanda gezimmert hatte. Und der Pflug wartete im Hof. Von allen Spinnweben befreit, blitzend die Scharen, ein stählerner, kalter Hai.

Neken war Frans' Schwester und sie erwartete uns im Hof, vor ihrer blauen, angerosteten Kiste stehend, in jeder Hand eine Flasche Wein.

Ihr Auftritt war wie eine Erscheinung, eine Fata Morgana, die eine Welt spiegelte, die ich vergessen hatte und die jetzt wieder da war, vielleicht nur als Sinnestäuschung, aber was machte das schon aus. Und da Neken keine Gummistiefel trug, sondern rosafarbene Sneakers, war es wohl keine Täuschung, und auch ihr Lesben-Hosenanzug, übersät mit blau-weißen Rauten, war echt und schien in der Dämmerung zu leuchten wie ihre Haare, die nicht länger als die Wimpern der Pferde waren, aber wild und voll von absichtlich hereingedrehter Wirbel. Da war sie, ein trauriger Harlekin, wie vom Himmel gefallen, mit nichts als diesen zwei Flaschen Wein und einem halben Lächeln, um die Eingeborenen milde zu stimmen.

Ihr Auftritt änderte für mich alles, und ich spürte die unterdrückte Gier nach Alkohol und allem anderen, und nun wollte ich trinken – und anderes mehr –, wollte nicht mehr wilde Pferde an den Pflug gewöhnen, wollte selber wieder wild sein, aber vor allem wollte ich trinken, und ich fasste den Entschluss, Frans seine Belforts abzujagen, jene Belforts, die von seinem Geiz beschattet in der Speisekammer lagerten, und ich würde notfalls Gewalt anwenden, das würde ich tun – God verdomme, das würde ich tun!

Neken und ich machten den Wein praktisch allein alle, denn Yolanda und Frans tranken keinen Wein. Frans ging in den Keller und kam mit vier Belforts zurück, die er schwungvoll auf den Tisch stellte, als wären es vier Flaschen wertvollen Champagners. Und das waren sie auch. Es dauerte nicht lange, und Bruder und Schwester gerieten sich in die Haare, wie es so ist, wenn die Verwandtschaft aufeinandertrifft. Bald schrien sie sich auf holländisch an, und Yolanda, die erst nichts gesagt hatte, bekam einen roten Kopf wie bei der Arbeit auf der Topinamburplantage und mischte sich auch ein. Nun schrien sie sich zu dritt an, und ich nutzte die Situation und trank so viel Wein, wie ich kriegen konnte, und goss schnell zwei Belfort hinterher.

Da ich nur wenig holländisch verstand und es mir vollkommen egal war, weswegen sie sich stritten, lag ich zurückgelehnt im Stuhl, sah an die Decke, und ihre Stimmen waren wie verwunschene Musik, Songs, die der Wein und das Belfort zu decodieren vermochten. Dann war ich betrunken.

Ich verzog mich auf die Toilette, kotzte, spülte mir den Mund aus, ging wieder zurück, goss mir ein großes Glas voll Wein ein und leerte es auf einen Zug. Yolandas ewig sorgenvolle Augen sahen es. Sollten sie.

Ich wartete noch eine Weile, aber als die drei so ineinander verhakt waren und es nicht den Anschein machte, als würde Frans noch mal in den Keller gehen, um Belforts zu holen, stand ich auf und ging in mein Zimmer. Sie nannten die Kammer über der Küche „logeerkamer“, Gästezimmer, aber es war nichts anderes als die Knechtekammer, denn der Gast war hier niemals Gast, sondern ein mitarbeitender Besucher und Erkunder von Yolandas und Frans' Leben.

Ich zog mich aus und legte mich ins Bett. Ich schlief ein und wachte gleich wieder auf, weil Neken ins Zimmer kam. Sie tappte herum, als würde sie etwas suchen, aber dann hörte ich das Rascheln ihrer Kleider und dann ihre nackten Füße auf dem Bretterboden, als sie an meinem Bett vorbeiging. Sie stand nackt im Mondschein am Fenster und blickte auf den Hof hinunter. Ich richtete mich auf.

„Bleib liegen“, sagte Neken.

Sie kam heran. Nackt und mager, die Brüste hell und flach, aber ihr Busch stand im Mondlicht wie ein massiver Körper von ihrem Bauch ab, massiger als ihre Brüste, massiger als ihr Kopf. Sie blieb in der Mitte der Kammer stehen.

„Ich will nichts von dir“, sagte sie leise und betrunken. „Du kannst mich nicht ficken. Aber ich will mich zu dir ins Bett legen. – Du bist süß.“

Ich war süß? Ich? Der Mann, der drei Wochen lang wilde Pferde zu Ackergäulen runtergebrochen hat, soll süß sein? Ich hätte es verdient, sie zu ficken, diesen traurigen Clown, ihn in zwei Teile zu vögeln. So war es. Das hätte ich verdient!

Aber ich sagte nichts. Ich lag nackt auf dem Bauch, den Kopf in die Arme gebettet. Neken schlug die Decke zurück. Sie blickte auf mich hinunter und ich spürte, dass sie dabei lächelte.

„Oh ja, du bist süß“, sagte sie beinahe entzückt. „Darf ich mich auf deinen Rücken legen?“

Ihr Busch war hart und wurde dann schnell weich und warm. Sie war leicht. Wie ein Kind, dachte ich, aber dann dachte ich, dass ich nicht wusste, wie leicht ein nacktes Kind auf meinem Rücken war, und diese Gedanken verdarben mir alles, was ich mir noch hätte vorstellen können.

„Du bist so stark“, flüsterte sie in mein Ohr. „So stark.“ Sie seufzte und ihr Atem kitzelte in meinem Nacken. Dann seufzte sie noch einmal und ihre Hände glitten an meinen Seiten entlang, ihr Körper wurde schlaff und ich merkte, dass sie eingeschlafen war.

Ja, Mann! Ich war süß.

Ich hörte, die gelben, wilden Pferde im Stall schnauben. Aber die gelben, wilden Pferde waren nicht mehr wild. Das war traurig. Und ich war schuld daran. Das war noch trauriger.

„Du bist süß", murmelte Neken im Schlaf.

UPPER DAN

Upper Dan ist längst tot.

Aber einmal, als er noch lebte, hatte ich von ihm geträumt. Ich träumte, dass er das achte Rennen gewann. Ich war in der Nacht von dem Traum aufgewacht, hatte mich aufgesetzt, war aber danach gleich wieder eingeschlafen.

Ich schenke Träumen keine Beachtung. Ich weiß nicht, was Träume sind, und es ist mir egal. Hilde ist da anders. Aber ich sagte ihr nichts davon. Jedenfalls nicht am Morgen. Sie ging, wie immer, zur Arbeit, und ich – nicht. Das hatte sich einfach so ergeben, dass sie ging und nicht ich. Da war nichts weiter dabei. Und wie bei jeder Sache, bei der nichts dabei war, war so ziemlich alles dabei. Man konnte seinen Tag damit zubringen, diesem „nichts dabei" aus dem Weg zu gehen, zumindest den Gedanken daran.

Vielleicht war dies der Grund, dass Upper Dan immer wieder auftauchte, wie ein Korken, den man unter Wasser drückt und loslässt.

Upper Dan machte das achte Rennen.

Er ging nicht mehr weg.

Ich fütterte den Kater – Upper Dan siegte. Ich saß in der Frühlingssonne und las – Upper Dan gewann. Ich kochte das Abendessen – Upper Dan lief als Erster über die Ziellinie. Hilde kam nach Hause. Upper Dan.

Das war seltsam. Ich musste etwas tun.

„Ich habe geträumt, dass Upper Dan im achten Rennen siegt", sagte ich zu Hilde.

„Und?“

„Weiß nicht. Der Traum geht nicht mehr weg.“

„Warum siehst du nicht im *Turf* nach, wer am Wochenende im achten Rennen läuft?“, sagte Hilde.

„Ich glaube nicht an Träume.“

„Ein Grund mehr, im *Turf* nachzusehen.“

„Warum bist du nur so klug?“, sagte ich.

„So klug kann ich nicht sein“, sagte Hilde, „denn ich bin immer noch mit dir zusammen.“

„Ich bin das Korrektiv. Du wärst ja sonst in deiner Klugheit vollkommen unerträglich, wenn nicht überirdisch.“

Sie sah mich an und lächelte.

„Wie – das ist die alles entscheidende Frage –, wie komme ich hier zu einer Turf-Zeitung?“

„Hier“ bekam man nicht einmal eine Schachtel Zigaretten, und für einen Sack Kartoffeln musste man eine halbe Stunde mit dem Zug fahren. Oder mit dem Auto. Aber ich hatte kein Auto.

„Tja“, sagte Hilde.

„Um einen *Turf* aufzutreiben, brauch ich den ganzen Tag…“

„Tja“, sagte Hilde, „und was wär da dabei?“

Und wieder hatte sie recht.

Ich brauchte den ganzen Tag, um einen Kiosk mit Rennprogramm zu finden. Ich stieg in den Zug und fuhr erst in die falsche Richtung, stieg an der nächsten Station aus, fuhr wieder zurück und nahm den Bus in die richtige Richtung. Ich sah aus dem Fenster auf das Land hinaus. Auf den Nordhängen lagen noch schwere, zusammengesackte Reste von Schnee. Die Südhänge waren hässlich und braun und sahen aus, als hätte man sie mit dickem Schmutzwasser übergossen. Am Abend war ich wieder zurück. Der Kater maulte, als er mich kommen sah. Hilde hatte Abendessen gemacht, aber ihn nicht gefüttert. Es gab Ravioli, mit Parmesan überbacken. Für uns.

„Und?“, sagte Hilde, als wir am Tisch saßen.

„Was glaubst du?“

„Kein Upper Dan im achten Rennen…“

„Falsch“, sagte ich.

„Was? Jetzt sag…“

„Upper Dan läuft – im achten Rennen.“

Wir schwiegen gedankenverloren. Wir aßen die Ravioli. Ich holte die Pfeffermühle und drehte sie acht Mal, was weiß ich, warum. Wunderbarer Pfefferduft stieg in meine Nase.

„Was wirst du tun?“, fragte Hilde und griff nach der Mühle. Sie drehte nur zweimal.

„Weiß nicht. Das ist verzwickt.“

„Könntest du gewusst haben, von irgendwoher, dass Upper Dan im achten Rennen läuft?“

„Konnte ich nicht. Das wissen nur die Veranstalter und die Rennteilnehmer.“

„Also ist es Zufall.“

„Was sonst?“

„Ich weiß nicht. Vorsehung. Eine Vision. Eine Eingebung. Such dir was aus.“

„Zufall gefällt mir am besten.“

„Wirst du zum Rennen gehen?“

„Kommst du mit?“

„Kann nicht. Wir arbeiten das Wochenende durch.“

„Schon wieder?“

„Ja, schon wieder.“

Upper Dan war ein niederer, unscheinbarer Wallach, der mit hängendem Kopf hinter dem Reiter durch den Führungsring trottete. Er war mager und die Farbe seines Fells war namenlos, am ehesten glich sie jener der Südhänge, nachdem der Schnee weggeschmolzen war. Im Vergleich zu den anderen Rennpferden sah es aus, als hätte man ihn nur aus psychologischen Gründen gesattelt, ein hinterhältiger Trick, um ihn leichter zum Notschlachter führen zu können.

Aber der Eindruck täuschte. Upper Dan war ein gutes Rennpferd. Wenn die Startmaschine aufklappte, zog er ab wie der Vollblüter, der er war. Er hatte schon Rennen gewonnen. Es war eine Weile her, aber er hatte. Nur nicht in einem Feld wie diesem. Die Konkurrenz heute war unirdisch. So sahen es die Leute vom *Turf*. So sahen es auch die Wetter und Buchmacher. Die Quote betrug 1:16. Und genau so sah Upper Dan auch aus. Ein Pferd, auf das keiner setzte.

Ich hatte ein System, um bei Pferderennen zu wetten. Es war eine Art Ausschlussverfahren. Keine Wetten auf Pferde mit Scheuklappen. Keine Wetten auf Pferde, denen bereits vor dem Aufgalopp schweißige Flocken von den Flanken flogen. Das war alles, dies war mein System. Es war so gut wie jedes andere, mit dem man sein Geld verlor. Die Spielsysteme der Gewinner beruhten zur Hauptsache auf Erfahrung und darauf, die Nerven zu behalten. Im Sieg wie in der Niederlage. Seine Route durchhalten und die Siege genauso hinzunehmen wie die Verluste. Gelassen, unberührt. Buddhistisch. Aber das war schwer. Darum sind die erfolgreichen Spieler so dünn gesät.

Upper Dan hatte keine Scheuklappen und war trocken. Somit kam er in Frage. Es hatten nur zwei von vierzehn Startern Scheuklappen. Ein Schimmel namens Great Dictator war beim Aufgalopp schweißig. Das war alles? Es machte mich verrückt. Ich erwog, das System zu ändern, ließ es aber sein, da ich kein anderes kannte. Diese Quote! 1:16. Hatte ein 1:16 gewettetes Pferd eine reelle Chance? Alles schrie: Nein!

Ich hatte geträumt, dass er siegen würde. Aber ich war auch der Mann, der nichts auf Träume gab.

Weil ich nicht wusste, was ich tun sollte, ging ich zur Toilette. Sie war ganz und gar sauber, auch noch nach dem siebten Rennen. Das fiel mir auf, und ich fragte mich, ob das etwas zu bedeuten hatte. Ich wusch mir Hände und auch das Gesicht. Ich betrachtete es lange im Spiegel. Es konnte mir nicht weiterhelfen. Es war einfach nur mein Gesicht. Nichts Besonderes. Der Mund war geschlossen und lächelte nicht. Die Augen waren voller Skepsis. Dann kamen zwei Typen rein und ich erschrak darob und fühlte mich ertappt. Als wäre ich beim Eyelining erwischt worden.

Draußen wärmten sich die Pferde für das Rennen auf und galoppierten auf der Zielgeraden dahin. Das Getrappel der Hufe klang schwerfällig und hart, aber die Pferde jagten leicht und schwerelos dahin. Einige Wetter lehnten rücklings am Metallzaun und blickten in die Rennzeitung, andere gingen herum, aber die meisten suchten die Flecken auf dem Gelände, die nicht im Schatten lagen, und hielten ihre Gesichter in die Frühlingssonne, als wären sie Sonnenblumen.

Ich wollte mein Geld zählen, aber eigentlich gab es nichts zu zählen. Es war mein allerletztes Geld, mein letzter Hunderter.

Ich stellte mir vor, wie es wäre, wenn Upper Dan siegen würde und ich nicht auf ihn gesetzt hätte. Nicht gut. Wenn ich setzte und er, wie es alle erwarteten, mit dem Feld einlief, hatte ich wenigstens den Trost, Recht zu behalten.

Träume hatten nichts zu bedeuten. Und wenn er, entgegen jeder reellen Einschätzung, gewann? Hieß das dann, dass Träume bedeutungsvoll waren? Musste ich mir dann eingestehen, dass es Möglichkeiten gab, in die Zukunft zu sehen?

Ich ging zum Wettschalter und setzte 30 auf Sieg von Upper Dan. Einen Fünfziger legte ich beiseite für Heimreise, Bier und Bratwurst, und für einen Zwanziger machte ich eine Platzwette auf einen 1:21-Außenseiter, ein Pferd, dessen Namen ich sogleich wieder vergessen hatte. Ich weiß nicht, warum. Wenn schon verlieren, dann richtig verlieren.

Zwei Stunden später, es war bereits dunkel, saß ich an einem weiß gedeckten Tisch in einem Gasthaus. Man hatte mich in den kleinen Speisesaal geführt. Da war ich allein. Ich wollte allein sein. Die Welt durfte als Besteckgeklöppel und entferntes Stimmengemurmel aus der Schankstube zu mir kommen. Aber die Welt musste unsichtbar bleiben. Die Welt durfte den gedämpften Soundtrack zu meinem Mahl beisteuern, aber sehen wollte ich sie nicht, die Welt.

Ich bestellte die beste Flasche Wein auf der Karte. Es war eine Flasche aus der Gegend, weiter südlich, wo der Fluss war.

Ich aß das Fleisch von einem Hirsch, der in den Hügeln der Umgebung gelebt hatte. An einer Sauce aus Morcheln, Zwiebeln und Speck. Ich trank noch eine Flasche Wein. Zum Kaffee Cognac. Und dann noch einen. Einen dritten, beim Zahlen. So trank ich mich nüchtern. Ich versuchte es zumindest. Aber wie konnte man nach so etwas nüchtern werden? Ich war es, der diesen Hirsch aß, diesen Wein trank, und ich war es nicht. Ich war betäubt, und betäubte Gedanken torkelten durch meinen kleiner werdenden Kopf und prallten gegen die Schädeldecke.

Upper Dan! Im achten Rennen. Wem sollte ich dies erzählen? Und dieser 1:21-Außenseiter, der als Dritter auf Platz gelaufen war. Nicht mal seinen Namen habe ich mir gemerkt. Er hätte es verdient, beim Namen genannt zu werden. Aber ich hätte auch meinen Namen vergessen können. Und als ich es dachte, war mir, als hätte ich ihn vergessen. Wenn so etwas geschehen kann, dann war alles möglich.

Gott, der alte Humorist.

Die Götter.

Lockten sie mich auf diese Tour in einen neuen Hinterhalt?

Hilde schlief schon, als ich nach Hause kam.

Auf dem Sessel im Schlafzimmer lagen ihre mit Farbe bekleckerten Jeans. Vor der Tür ihre alten, durch eingetrocknete Farbreste steif gewordenen Arbeitsschuhe. Ihr Anblick klagte mich an. Sie gehörten einer anderen Welt an, einem schweren, unter Mühen ächzenden Kosmos ohne Erlösung. Ich ging an ihnen vorbei wie an einem zusammengesunkenen Bettler.

Ich holte meine Decke, ging ins Wohnzimmer und legte mich auf die Couch. Ich löschte das Licht. Ich hörte, wie der Föhn kam, hörte seine Böen, jäh und voller Wut, an allem Losen rüttelnd. Ich dachte an andere Zeiten, an andere Winde mit anderen Namen, an Zeiten, in denen ich allein war und ohne Träume. Dieser Upper Dan.

Es war einfach nicht zu glauben.

VERRÄTER

Der Neue von der Leihfirma kam, sah – und drehte auf dem Absatz um, verschwand im Gewühl der Straße, erschrocken und kopfschüttelnd, als hätte er einen Blick in einen Folterkeller riskiert.

Nicht ganz falsch.

Die Arbeit auf Ginos Baustelle war richtige Arbeit. Nichts für die Pretenders aller Art, die von den Büros der Leihfirmen ausschwärmten, um irgendwo auf eine Schaufel gestützt den Feierabend zu erwarten. Manche von denen, die hierher geschickt wurden, zeigten ein Mindestmaß an Stolz oder sie waren so pleite, dass ihnen keine andere Wahl blieb. Dann zwängten sie sich in eine der engen Baracken, zogen sich um und kletterten zu uns in den Graben. Keiner hielt bis Mittag durch. Nicht einer. Die meisten seuchten und keuchten sich bis zur Neun-Uhr-Pause, und wenn wir alle nach oben stiegen, um zu essen, ergriffen sie die Gelegenheit, sich unauffällig zu empfehlen. Wir grinsten nur. Wir schlossen nicht mal mehr Wetten ab. Denn es gab keinen, der auch nur einen Kiesel auf diese Typen gesetzt hätte. Wir waren die verdammte *Wir-graben-uns-auch-im-Winter-unter-der-Straße-durch-Elite.*

Jedesmal, wenn wieder einer verschwunden war, nahm es Gino zum Anlass, mir ins Gewissen zu reden.

„Eh, Remo“, sagte Gino, der Polier, „du solltest aufhören mit diesem Leben. Du musst was machen. Nimm eine Frau und mach Familie.“

Das klang so absurd, dass ich lachen musste.

„Nicht lachen, Remo, du bist alt genug, du musst aufhören mit diese Plimplam-Lebbe…“

„Was für ein Leben meinst du, Gino?“

„Du weißt genau, was ich meine. Das hier ist nichts für dich…“

„Ey, Gino, hast du was zu meckern wegen meiner Arbeit?“

„Aber nein. Du arbeitest so hart wie jeder der Jungs. Aber du bist kein Spanier. Du bist nicht mal Italiener, wie ich. Siehst du hier einen von deiner Sorte? Sie kommen, sehen die Arbeit und verschwinden wieder. Ist keiner geblieben. Nur du. Das ist nicht gut, Junge, du musst was Ordentliches machen…“

„Die Jungs machen also nichts Ordentliches?“

„Na klar machen sie was Ordentliches. Sind gute Jungs. Aber es sind Spanier. Sie haben Familien. Sie müssen das tun. Du nicht. Du musst nicht da unten im Graben stehen und neun Stunden lang schaufeln und den Pickel in den gefrorenen Boden hacken, bis du so müde bist, dass du in der Tram einschläfst. Manchmal sogar, bevor du dich gesetzt hast…“

„Woher weißt du so genau Bescheid, was in den Trams abläuft?“

„Remo, mein Junge, für wen hältst du mich?“

Gino nannte mich „Remo“. Wusste jemand, warum? Ich glaube nicht. Gino. Der hatte keine Ahnung. Gino war nur melancholisch und ein guter Mann. Wie ein Vater, der nicht verstehen konnte, warum sein Sohn nicht richtig tickte und in der Gegend herumirrte, anstatt die vorgestampfte Spur zu benutzen. Ein Vater, der sich fragte, warum sein Junge ein Verräter war.

Er hielt mich also irgendwie für etwas Besseres.

Aber ich wollte nur einer von den Jungs sein, wollte mit ihnen zu Mittag in der Baracke sitzen, eine Dose in heißem Wasser erwärmte Ravioli öffnen und sehen, wie ihre verhornten Finger sich um die Gabeln schlossen wie die Greifhand des Baggers um Sprieße, ich wollte nur dasitzen und einer von ihnen sein, denn sonst war ich ja doch nur ich, und hier bei ihnen war es gut; es war gut und wahr, sich mit ihnen durch das gefrorene Erdreich zu wühlen, geradewegs unter der vierspurigen Straße durch. Sie gaben mir das Gefühl, einer von ihnen zu sein, weil ich ebenso so hart arbeitete wie jeder von ihnen und niemals kniff.

Aber Gino fands nicht gut. Er hörte nicht auf damit, fing bei jeder Gelegenheit wieder damit an.

„Remo, du musst aufhören mit diesem Plimplam-Lebbe! Mach was Richtiges. Du gehörst nicht hierher. Heirate. Familie. Arbeit. Haus."

„Hab gedacht, du brauchst dringend Leute?"

„Aber nicht solche wie dich, Remo. Andere..."

„Die wollen aber nicht. Die Anderen. Oder sie können nicht..."

Gino seufzte, und seine melancholischen Italieneraugen wurden noch melancholischer.

„Mach was Ordentliches, Remo. Hör auf mit diese Plimplam-Lebbe. Hörst du?"

Er wusste nichts. Ich hatte dieses Plimplam-Lebbe bereits hinter mir gelassen. Ich hatte doch ein Zimmer gemietet. In der Nähe des Bahnhofs, in einem breiten Backsteinbau. Eine Zimmerschachtel, möbliert. Es war Ende Januar. Das war, denke ich, der Grund. Es lag kein Schnee und es war nicht eisig, aber es war gut, einen Heizkörper im Zimmer zu haben. Was für ein Luxus!, dachte ich manchmal und betrachtete ihn mit einer Mischung aus Dankbarkeit und schlechtem Gewissen, denn nicht jeder hatte so einen Heizkörper, an dem man nur diese Kappe zu drehen brauchte, um es warm zu haben. Ich war ein Glückspilz. Obschon er stank, der Heizkörper, und obwohl ich nur so tat, als ließe er sich regulieren, denn das war unmöglich, und ich musste das Fenster öffnen, dieses erbärmliche West-Fenster, dessen Scheiben nur noch von bröckligen Kittresten im Rahmen gehalten wurden. Aber es war ein Zimmer. Mit einem Bett. Einem Schrank. Einem Tisch und einem Stuhl. Sogar mit zwei Stühlen. Das Bett war schmal, aber wenn Anna da war, wurde es trotzdem nicht eng, denn wir schliefen nie. Höchstens ein wenig in der Morgendämmerung, unsere glühenden Körper auskühlend, dann, wenn draußen der Berufsverkehr losbrüllte und wenn ein Zug nach dem anderen in den Bahnhof ein- und aus ihm herausfuhr.

Aber Anna war eigentlich nie da. Nie.

Aber auch dieses Leben entsprach nicht Ginos Vorstellungen. Es war nichts „Ordentliches". So konnte man nicht leben. Aber vor dem „Ordentlichen" fürchtete ich mich. Ich hielt wenig von Arbeit. Und nichts von der Arbeit nach Ginos Vorstellung. Einen Job im Trockenen, in einem Büro eine ruhige Kugel schiebend, wie man so sagt, ein Krawattenjob, einen, wie Gino ihn sich für seine eigenen Kinder wünschte; seine Kinder, die nicht auf den Baustellen enden sollten. Ja, die nicht mal dort anfangen durften. Wenn er mich sah, dachte er vielleicht daran, was seinen Kindern blühen konnte, wenn sie es nicht schafften.

Armer Gino. Er wusste nichts. Er ließ sich von meinem Einsatz im Graben täuschen. Er glaubte, einen fleißigen Kerl vor sich zu haben, aber das Gegenteil war der Fall. Ich war faul. Faul wie ein altes Brett an der Sonne. Wenn schon Arbeit, sagte ich mir, dann harte Arbeit. Ich wollte mich nicht an sie gewöhnen. Das war alles. Denn vor der Gewöhnung an harte Arbeit stand der dreckige Engel des Verschleißes und schwang das Schwert der Erschöpfung.

Harte körperliche Arbeit mochte ich dennoch. Ich mochte Holzhacken, Säcke stapeln, tragen und laden, wuchten, schlagen, schaufeln, hacken, werfen, stemmen, schlenzen, kippen und graben. All sowas. Diese Arbeiten warfen keine Fragen auf. Sie brachten einen nie in Verlegenheit. Nie gab es an ihrer Sinnhaftigkeit den geringsten Zweifel. Ihr Härtegrad entschied über ihren Wert. Manchmal schlug sich das auch in der Bezahlung nieder. Manchmal. Meistens nicht. Harte Arbeit barg das Geheimnis, wie man leben sollte: einfach und hart. Aber das war nur eine so Ahnung. Sie kam, wenn ich Bob Dylan hörte. Oder Johnny Cash. Merle Haggard.

Aber von all dem ahnte Gino nichts. Auch die Jungs ahnten nichts. Nicht mal Anna ahnte etwas.

Ich hatte es für mich ganz allein.

FROHE WEIHNACHTEN

Vielleicht hatte Serge die Idee, vielleicht ich.

Da war diese kleine Rakete. Wer weiß, wo die herkam. Ich kenne mich mit Feuerwerk nicht aus, und ich glaube, Serge auch nicht. Aber wir hatten diese kleine Rakete. Der Treibkopf war gerade mal so lang und dick wie mein Mittelfinger und von ähnlicher Farbe, aber es war Serge, der es sagte: „Die machen wir denen zum Weihnachtsgeschenk!"

Dann machten wir es. Serge ratschte die Flamme des kleinen Bic an und hielt sie an die Lunte. Das raue Holzstäbchen in meiner Hand zog und zog und zog und das Ding kriegte ein kleines glühendes Höllenarschloch und bevor das herauspfauchende Schwarzpulver meine Hand versengte, ließ ich los. Serge und ich sahen zu, wie es eiernd und furzend zu dem Gebäude hinter dem gekringelten Natostacheldraht zischte und auf dem Weg dorthin die weihnachtliche Dunkelheit um das kleine Höllenarschloch bereicherte.

Ich glaube, wir hatten die Sache schon vergessen, noch während wir uns umdrehten und über den schwarzen Fluss blickten.

Hinter der Brücke, über den Häuserzeilen, war heller, rauchgetränkter Schein, der sich wie eine Kuppel über die Dächer wölbte. Über dem Fluss trieben Wolken aus Tränengas und Corditdampf aus den Gummischrotbüchsen. Was wir hörten, klang wie Gefechtslärm. Und es war Gefechtslärm. Aber es klang auch, als würde hinter den Häusern ein Film über Straßenkampf gedreht. Im Widerschein von Tiefstrahlern und dem durch die engen Gassen hallenden Geschrei der Komparsen und dem Geräusch, das Container machten, wenn sie umgekippt wurden. So irgendwie hörte es sich an. Wir wussten aber, dass es anders war. Es war kein Film. Es war Heiligabend.

Seltsam. So empfand ich es, ohne recht zu wissen, warum. Vielleicht Serge auch. Aber er war ein wenig betrunken, und wenn Serge betrunken war, wurde er immer etwas idiotisch, ich meine, es wurde ihm alles egal, und wenn man ihn ließ, textete er einen zu, was meist ein verdammtes Vergnügen war, aber eben – nur meistens.

Wir blickten über den Fluss, mitten hinein in die heilige Nacht. Am anderen Ufer gab es nur wenig Beleuchtung, denn in den Häusern lebte niemand, zumindest nicht an Heiligabend, denn es waren Büros und Geschäfte; nur weiter Richtung Süden, von wo der Gefechtslärm zu uns kam, wohnten Leute in den Häusern und es gab Kneipen und Bars und Puffs und solche Dinge.

Dann hörten wir den Hund.

Wir hörten ihn, bevor wir ihn sahen. Es hörte sich nach einem großen Hund an, einem mächtigen Tier, das an der Leine zerrte. Wir konnten seinen heiseren, hechelnden Atem vernehmen; böse und gequetscht, weil das Halsband ihm die Kehle zudrückte. Schien ihm egal zu sein. Er hatte ein Ziel.

„Mitkommen!“

Die zwei Bullen in Kampfmontur traten aus dem Schatten der Bäume, und jetzt erst, im Schein der fernen Schlachtbeleuchtung, konnten wir sie sehen. Auch den Schäferhund sahen wir jetzt, wie er, an seiner Leine zerrend, zu uns strebte. Sein Maul war offen und seine Augen waren auf Serge gerichtet. Serge sah zu mir hin und sein

Blick sagte: Abhauen!, und dann sah er wieder den Hund an und sein Ausdruck veränderte sich.

Was war jetzt zu tun? Ich hatte keine Erfahrung im Abwehren von Polizeihunden, die sich in einen Arm oder ein Bein verbissen hatten. Die Bullen waren zu zweit, hatten aber nur einen Hund. Wenn wir beide losrannten, würde sich der Schäferhund den langsameren von uns beiden schnappen, und das würde vermutlich ich sein.

„Mitkommen!"

Serge und ich fragten nicht, wohin wir mitkommen sollten, sondern wir folgten fromm dem einen Bullen, der vor uns herging. Hinter uns war das Keuchen des Schäferhundes, dem die Leine die Luft nahm. Er zog und zog und es war ein Scheißgefühl, ihn hinter uns zu wissen, es zwang mich, mir auszumalen, was geschehen würde, wenn die Leine riss oder der Bulle sie einfach losließ, weil ihm irgendwas nicht passte.

Unsere kleine Prozession näherte sich dem Areal des Jugendzentrums, dem eigentlichen Grund für den weihnachtlichen Aufruhr. Die Stadtregierung hatte es schließen lassen, und nun waren die Jugendlichen auf der Straße und die Bullen waren drin. Brusthoher Natostacheldraht lief in großen Kringeln um das Gebäude. Es sah seltsam aus. Ein wenig lächerlich. Wie ein Stachelhalsband an einem Dackel.

Als wir beim Tor angekommen waren, trabte ein junger Bulle heran und öffnete es. Er sagte nichts. Grinste nicht mal, als er uns sah, Serge und mich, die zwei Idioten, die sich hatten reinnehmen lassen.

Im Schatten der zweistöckigen Gebäude sah ich die Silhouette einer Hundertschaft Bullen. Ihre weißen Helme leuchteten wie die weißen Steckknöpfe eines Mastermindspiels. Sie waren still und verharrten beinahe bewegungslos. Wie der Körper eines riesigen, starken Tiers, das sich im Traum leicht bewegte. Man wusste nicht, wo es anfing, wo es aufhörte.

Ich dachte an die Geschichten, die die Runde machten, Geschichten über das, was geschah, wenn einen die Bullen gekriegt hatten. Right or wrong. Es gab was auf die Fresse. Und Serge und ich waren schuldig.

„Hier. Warten!“, sagte der Bulle mit dem Hund.

Dann traten aus der Dunkelheit vier junge Kerle in hellblauen Kampf-Overalls. Die schwarzen Schnürstiefel glänzten frisch geputzt und an den Gürteln steckten Schlagstock, Pfefferspray, Handschellen und andere Tools in kleinen, prallen Ledertaschen.

Es war an der Zeit, sich zu fürchten.

Die Typen waren gleich alt wie Serge und ich, aber sie waren austrainiert und gut gelaunt. Sie schienen sich zu freuen, dass sie so gut in Form waren. Oder dass sie sich an Weihnachten nicht im Kreis ihrer Familien, ihrer Eltern langweilen mussten. Vielleicht waren auch wir der Grund ihres Freude. Vielleicht hatten sie schon lange nichts mehr unter ihre Schlagstöcke bekommen, hatten sich gelangweilt und waren froh über die Abwechslung.

Sie betrachteten uns beiläufig, wie eine Ausflüglergruppe in die Schaufensterauslage eines Souvenirladens blickt. Dann wandten sie sich ab und verschwanden in der Dunkelheit und wurden wieder Teile des großen Tiers.

Serge und ich blieben mitten im Hof stehend zurück, und als mich umsah, fiel mir auf, dass jemand saubergemacht hatte. Die Bullen hatten den ganzen Müll, den die Besetzer rumliegen ließen, weggebracht.

Es war immer noch Zeit, sich zu fürchten.

Aber die Furcht wollte nicht kommen.

Es dauerte. Und dauerte. Wir standen da und warteten auf die Dresche. Ich denke, auch Serge fühlte sich nackt.

Wir waren nackt und ausgestellt. Es war, als ständen wir mit unseren geschrumpelten Angstschwänzchen vor all diesen Typen, die uns, unsichtbar wie in einer Peepshow, beobachteten.

Serge nagte auf seiner Unterlippe herum, wie er es oft tat, wenn er nachdachte, stand da, mit einwärts gedrehten Füßen und krummem Rücken. Er wirkte abwesend und gedankenverloren, blickte auf dieses Tier mit den vielen weißen Köpfen.

Oft hatte ich es mir vorgestellt. Wie es sein würde, wenn sie einen kriegten. Wie ich mich fühlen würde. Was ich tun würde. Ob ich es durchstehen würde wie ein Mann.

Alle sprachen von Wut. Alle hatten Wut. Diese Wut war schon – beinahe – weltberühmt. Wie konnten all die wohlhabenden Kinder der reichsten Stadt der Welt so wütend sein?

Wut auf den Staat, die „Obrigkeit", die Wirtschaft, den Kapitalismus, die korrupte Musikindustrie. Joe Strummer war wütend, und noch wütender war Johnny Rotten. Linton Kwesi Johnson war sauer. Die Punks waren wütend und machten kleine wütende Songs. Die Schriftsteller waren wütend, weil die Bullen sie respektlos behandelt hatten, alle waren bis obenhin angefüllt mit Wut. Nur ich, ich war nicht wütend. Doch mein Puls war permanent erhöht. Aber es war ein gutes Leben. Niemand hatte einen Job. Keine Ahnung, wovon wir lebten. Serge schleppte manchmal Kabel beim Fernsehen.

Ich blickte auf das Bullentier und ich empfand keine Furcht und ich war nicht wütend. Ich war – neugierig. Was war mit Serge? War er eigentlich wütend? Ich konnte es nicht sagen. Serge war Serge. Equilibrist. Überlebender. Künstler. Wortakrobat. Serge.

Dann kam der Kommandant.

Er trug eine normale, dunkle Uniform, keine Kampfmontur.

Und wieder geschah etwas Merkwürdiges. Zuerst schickte er Serge weg.

„Gehen Sie“, sagte er schroff und deutete mit der Hand zum Tor. Ein Bulle schritt mit knarrendem Gürtel zum Tor und wartete. Serge sah mich an. Er konnte mich nicht im Stich lassen.

„Gehen Sie!“

Der Bulle mit dem Schäferhund tauchte auf. Der Hund machte seinen Job und zerrte an der Leine, und als Extraeinlage ließ er seinen Kiefer klacken, als schnappe er nach einem fliegenden Insekt. Aber Serge rührte sich nicht. Ich sah, dass er sich sorgte.

„Na geh schon“, sagte ich.

„Ich kann nicht…“

„Klar kannst du. Du weißt ja, wo ich bin.“

„Kann nicht.“

„Verschwinden Sie endlich!“, sagte der Kommandant.

„Es ist okay“, sagte ich.

Aber Serge ging erst, als ich es noch zweimal gesagt hatte, dass er gehen soll. Ich weiß. Man lässt seinen Kumpel nicht im Stich. Nicht mal, wenn der es verlangt. Aber dann ging er doch, blieb alle zwei Schritte stehen, um zurückzublicken, um Zeuge zu werden, falls es nötig wurde. Er schlurfte auf seine linkische, provozierende Art durch das Tor, blieb aber hinter den Stacheldrahtrollen stehen und sah zu uns hinüber, bis der Hundebulle zu ihm hinging und ihm irgendwas sagte, was seine Füße in Bewegung setzte.

Dass ich nun allein war, hatte den Vorteil, dass ich nicht zusehen musste, wie mein Kumpel verdroschen wurde. Aber eigentlich dachte ich nicht an Prügel. Der Kommandant baute sich nun vor mir auf, wie ein Chef sich vor einem Angestellten aufbaut. Er hatte den strengen und gequälten Gesichtsausdruck eines müden und genervten Mannes in mittleren Jahren, dem der ganze Kram zum Halse raushing. Unsere Blicke gingen ineinander über. Ich sah etwas in seinen Augen, das ich kannte.

„Was fällt Ihnen ein, uns an Heiligabend mit Raketen zu beschießen!“, sagte er.

„Es war nur eine einzige ...“, sagte ich und wagte sogar ein Lächeln. „Eine Rakete. Eine kleine.“

Ich war nun ohne jede Angst. Ich kannte diesen Mann. Ich kannte nicht seinen Namen, war ihm noch nie begegnet, aber in dem Moment, als wir uns in die Augen blickten, war es geschehen. Wir hatten uns erkannt. Wir waren gleich. Kamen aus dem gleichen Stall, entstammten derselben Klasse. All das geschah innerhalb einer Sekunde. Ich kannte seine Geschichte. Ich wusste, was er dachte. Über die Bewegung. Über die Stadt. Über die Krawalle, die er seit Monaten begleiten musste, wusste Bescheid über die Überstunden und die Übermüdung und den Ärger mit der Familie. Und er wusste, dass ich nicht wirklich zu „denen“ gehörte. Nicht zu den Bürgersöhnen, die ihn verachteten, ihn, den Kleinbürger.

„Was fällt Ihnen ein, uns an Heiligabend mit Raketen zu beschießen“, wiederholte er. Er wusste, dass seine Tarnung aufgeflogen war. „Sie sollten zu Hause sein!“

„Sie sollten auch zu Hause sein“, sagte ich.

Ich dachte an amerikanische Weihnachtsfilme, in denen es meistens darum ging, wie die Helden nach ihrem Absturz in die Niederungen des gemeinen Lebens wieder zurück auf den rechten Weg fanden. Nach Hause. Weihnachtsfilme waren Nach-Hause-Kommen-Filme.

Nun war alles irgendwie komisch. Theater. Mir würde nichts geschehen. Ich verhielt mich so, wie er es erwartete. Keine Beleidigungen. Kein Geschrei. Kein Getue. Und selbst wenn es die blauen Jungs jucken würde, mir eine Abreibung zu verpassen, er würde es nicht zulassen. Er sah mich an, als überlege er, ob es Sinn mache, noch mehr Worte an mich zu richten.

„Gehen Sie nach Hause!“, sagte er.

Jetzt erst fiel mir auf, dass er mich siezte. Als ich mich dann umwandte, um in diese Krawallnacht hinauszugehen, gelang es mir im letzten Moment, zu verhindern, dass ich ihm frohe Weihnachten wünschte.

Aber warum eigentlich nicht?

Frohe Weihnachten!

DER LAUTE UND SEIN SCHATTEN,
DER NICHT ARSCHLOCH SAGEN KONNTE

Alles ging gut, bis eines Mittags dieser Büchermensch auftauchte. Was soll ich sagen? War wohl einfach Pech. Oder Schicksal. Dabei war der Büchermensch nur der Auslöser, denn dass es geschehen würde, war mir klar, seit ich dem Lauten das erste Mal ins Antlitz geblickt hatte. Es gibt Dinge, die weiß man einfach. Auf den ersten Blick.

War ein richtiger Scheißer, der Laute, groß, pampige Visage, so 'n Marionettenmund, hängende Mundwinkel, als würd ihn unsere pure Anwesenheit beleidigen, so sah er aus. Und er war – laut. Brüllte dauernd wegen irgend einer Kleinigkeit herum. Auch wenn er normal redete, drehte er voll auf, ich meine, der hatte den Regler immer ganz am Anschlag. Aber mich konnte er nicht täuschen. Das war nur 'n Typ, der es geschafft hatte, jedem aus dem Weg zu gehen, der ihm gefährlich werden konnte. Das war alles. Mehr war nicht an ihm dran. Und natürlich war ein Typ von solchem Format der… na, was wohl? Der Chef. Klar, oder?

Anfänglich hatte es gut ausgesehen, denn der Laute und ich gehörten verschiedenen Abteilungen an, und erst als mich meine Abteilung in seinen Bereich verschob, weil irgendjemand krank geworden war, wurde es kritisch.

Aber da ich mir der Gefahr bewusst war, die ein Zusammentreffen mit ihm verhieß, ging ich ihm aus dem Weg. Denn es war eine gute Arbeit, die ich da hatte, sie war leicht, aber nicht so langweilig, dass mir nach zwei Tagen die Lust daran fehlte. Es war eine superleichte Arbeit, eine, bei der man sich nicht von oben bis unten einsaute oder bei der man schwere Handschuhe tragen musste oder Stiefel mit Stahlkappen. Zur Abwechslung mal was Süßes, sagte ich mir, warum denn nicht?

Ich schob also meinen Bücherwagen durch die Halle und sammelte die Bestellungen auf, fischte die Bücher aus den Regalen, stapelte sie auf meinen Wagen und fuhr sie zu den Ladies, die sie für den Versand verpackten. Das war mein Job. Wie gesagt: Sehr gepflegt, sehr easy und nicht mal mies bezahlt.

Aber leider führte mich meine Route auch immer wieder in die Abteilung des Lauten. Da werkten drei Typen in grauen Kitteln. Einer war so 'n alt gewordenes Riesenbaby, sah aus wie die Kopie des Lauten, und der war dem Lauten vollkommen ergeben. Weiß nicht mehr, wie er hieß, egal – und da war noch ein Kerl namens Matt oder Mathy, der, wie ich erfuhr, auf Bewährung draußen war und sein Fähnchen des Aufrechten in den richtigen Wind hielt, und dann war da noch ein anderer Typ. Nun ja, was soll ich sagen? Das war schon ne Figur. Trug ne Strickweste und braune Cordhosen. Er hatte so ein Kindergesicht, und in diesem Gesicht steckte immer eine erloschene Tabakspfeife, was irgendwie ulkig aussah. Ulkig, weil dieses Gesicht so überhaupt nicht zu einer Pfeife passte. Da wär ein Schnuller besser plaziert gewesen. Aber die Pfeife musste sein, weil sein Vorbild, sein Abgott, der Chef der Sozis, auch so 'n Rohr in der Visage stecken hatte. Also völlig harmlos, der Kerl. Aber wie es so ist mit den Harmlosen: Die werden fett fertig gemacht. Das Riesenbaby und der Bewährte hackten auf dem Typen rum, zogen ihn auf, weil er ein Sozi war, beleidigten sein Vorbild, machten es nieder, und sie hörten nicht auf, bis er ins Stottern kam und sich aufs

Klo verzog, wo er vermutlich eine Runde weinte, oder was weiß ich. Aber all das ging mich nicht das Geringste an. Ich schob meinen Bücherwagen durch die Halle und ließ meine Augen auf den Bestellzetteln und verschloss meine Ohren, so gut es ging.

Trotzdem bekam ich es jedes Mal mit, wenn sie ihn wieder mal in der Mangel hatten und er den Tränen nahe war. Einmal legte ich dann einen Stopp ein und sagte etwas. Ich meine, der Pfeifenmann war mir egal, und vermutlich würde er mir mit seinem kalten Tabaksauger, der Strickweste und seiner abgöttischen Verehrung für den Sozenchef auch ziemlich auf die Zündschnur gehen, aber es gibt in dieser Welt immer noch Dinge, die man einfach nicht tut. Eins davon ist, auf einem Wehrlosen rumtrampeln. So sehe ich das.

Ich stoppte also und verkündete den beiden in schlichten Worten, dass sie den Pfeifenmann in Ruhe lassen sollten, und falls sie sich irgendwie abreagieren müssten, stünde ich jederzeit zu ihrer Verfügung. War ihnen dann doch kein Herzensanliegen. Und für eine Weile, so schien es, ließen sie ihn in Ruhe. Zumindest wenn ich in der Nähe war.

Ich hatte allerdings bald den Eindruck, dass es dem Pfeifenmann nicht recht war, dass die anderen ihn nicht mehr runtermachten. Denn nun ließen sie ihn zwar in Ruhe, aber diese Ruhe bedeutete eben auch – Teamausschluss.

Was soll man da sagen? Die Welt ist manchmal ein kranker Ort.

Und wenn ich darüber nachdenke und ehrlich bin, dann habe ich nicht dem Pfeifenmann einen Gefallen getan, sondern mir selber. Ich hatte meine eigene Welt, in der es verboten war, Schwache zu schikanieren, wieder ins Gleichgewicht gebracht. Denn eines war danach klar: Der Pfeifentyp in der Strickweste war hier nicht der Outsider!

Aber eigentlich war die Angelegenheit nicht der Rede wert. Alles ging seinen Gang, und ich schaffte es, den Zusammenstoß mit dem Lauten zu vermeiden, und es kam sogar noch besser: Meine Abteilung holte mich zurück, und ich sah die Strickjacke und seine Quälgeister nur noch von der anderen Hallenecke aus, und nach einer Woche hatte ich alles vergessen.

Bis dann eben eines Mittags dieser Büchermensch auftauchte.

Er kam, als ich über Mittag durcharbeitete und die anderen beim Essen waren. Ich weiß nicht, wie er hierher gefunden hatte, denn das Lager lag nun nicht gerade im Zentrum, sondern draußen vor der Stadt, in einem Industriegebiet, gut versteckt, in einem der vielen Quader von Werkhallen und Was-weiß-ich-was. Aber er war nun mal da, stand plötzlich vor mir. Er war klein oder er kam mir klein vor, denn an ihm war nichts dran außer einem großen, halbkahlen Schädel zwischen zwei hochgezogenen Schultern und einem schüchternen Lächeln, gut getarnt von einem kurzen Bart. War klar: Der suchte hier keinen Job. Der suchte was anderes. Nämlich, wie er mir verriet, ein vergriffenes Buch, ein Buch, das er schon in jedem Antiquariat, jeder Buchhandlung nachgefragt hatte, vergeblich, klar, sonst wär er ja nicht hier.

Irgendeiner hat ihm dann geraten, es hier draußen in der Auslieferung des Verlags zu versuchen, was natürlich vollkommen blödsinnig war, denn hier gab es keine vergriffenen Bücher, hier gab es Bestseller und noch mal Bestseller. Wobei ich, ehrlich gesagt, nicht mal genau wusste, was ein „vergriffenes Buch“ sein sollte. Was immer es war, es war auf jeden Fall etwas, das schwer zu bekommen war, etwas, für das man rumgehen und rumfragen und rumfahren musste, was bedeutete, dass dem kleinen Mann viel daran lag, und das war mit ein Grund, dass ich ihn nicht gleich wieder wegschickte, sondern ihm dabei helfen wollte, das Ding hier zu suchen, zumindest, bis wir sicher sein konnten, dass er es hier auch nicht bekommen konnte. Ich mochte Leute, die für etwas brannten.

Wir ziehen also durch die Regale. Ich meine, nicht einfach so, sondern mit System, ich wusste inzwischen, wie man hier die Bücher fand, und es kam, wies kommen musste: Das Ding war auch hier nicht zu finden. Klar. Keine Spur. Aber wir hatten es versucht. Der Büchermann lächelte gequält, bedankte sich und wollte schon gehen, als die Tür aufging und der Laute mit seiner miesen Crew auftauchte. Es war erstaunlich: Der Typ brauchte nicht eine Sekunde, um sich einen Überblick zu verschaffen, ich meine, der sieht einfach den Büchermann, und los geht die Show!

Er brüllt also auf seine gewohnte Art rum, schreit den Mann an, was er hier verloren hätte und wer ihn reingelassen und so weiter und so fort. Und das Ganze kam in einer solchen seppeldummen Heftigkeit, dass selbst ich ein wenig überrascht war. Und natürlich, kannst dir ja vorstellen, ist der Büchertyp total eingeschüchtert, der weiß überhaupt nicht mehr, was Sache ist, und der Laute packt ihn und zerrt ihn am Arm in sein Scheißbüro. Okay. Ich hinterher.

Im Büro gehts weiter im Text. Der Laute hängt sich ans Telefon, ruft die Zentrale an und startet zur selben Zeit sein Verhör. Der Büchertyp steht da, wie so 'n abgesägter Zwerg aufm Hackbock, und der Laute lässt sich von ihm den Ausweis zeigen, und mir dämmert, der is echt kränk, der Mistsack, der hat die volle Paranoia, wähnt sich hier in Fort Knox, wo er die Goldreserven hütet, was weiß ich. Könnte einem leid tun, der Wichser, tut er aber nicht, denn ich kriege stattdessen die Mörderwut, und wenn ich sage die Mörderwut, so meine ich auch die Mörderwut.

Ich stand etwa fünf Schritt von seinem Büroglaskasten entfernt, krieg innerlich den Tatter und will den Kerl bluten sehen. Ich wollte ihm weh tun, wie ich noch nie jemandem weh getan hatte, verstehst du, das kranke Schwein sollte leiden, leiden, leiden.

Aber ich beherrsch mich und seh nur zu. Erst mal. Der Büchertyp ist überwältigt vom Stress, den der Laute abzieht. Verdattert und eingeschüchtert stammelt er rum, sein Kopf verschwindet immer mehr in den hochgezogenen Schultern, ein Bild des Jammers.

Aber dann ist es so weit. Ich gehe langsam auf den Lauten zu, der da wie der Gott der Hundescheiße in seinen Drehsessel gefläzt die Lebenden und die Toten richtet, ich geh also zu ihm hin, ganz ruhig, äußerlich, aber innerlich bebend, trete also neben den Büchermann und sage ganz ruhig, dass er mit der Scheiße aufhören soll und dass dies hier kein Knast sei und er kein Bulle und er den Büchermann in Ruhe lassen soll.

Und was macht das Arschloch? Er schickt den Büchermann zum Teufel und wendet sich mir zu. Steht auf. Er ist bestimmt einsfünfundneunzig groß, ein massiger Kerl. Natürlich, das meiste davon ist altes, hässliches Fett, aber trotzdem nicht schlecht. Seine dumme Fresse entgleist vor Entrüstung und Zorn, und während er auf mich zuwalzt, sage ich, innerlich rasend vor Wut, aber äußerlich ruhig, sage ich so beiläufig es mir möglich ist: „Sie sind das größte Arschloch, das mir jemals untergekommen ist."

Mehr sagte ich nicht. Das sollte sich später noch bezahlt machen. Das, was ich noch zu sagen gehabt hätte, dass er doch bitte, bitte nahe herantreten möge, damit ich ihm erst die Fresse einschlagen und danach seinen verdammten Laden abreißen konnte, die ganzen Regale und alles, blieb ungesagt, aber er erriet es irgendwie, denn er blieb plötzlich stehen, stierte mich an, nur ganz kurz, drehte dann bei und stampfte in sein Büro zurück, wo er sich in seinen Sessel warf, die Zentrale anrief und einem armen Schwein wortreich erklärte, dass er mich jetzt gerade fristlos gekündigt hatte. „Fristlos. Punkt. Punkt. Punkt!“, schrie er in den Hörer.

Ich kam allmählich wieder zu mir. Okay. Das wars wieder mal.

Ich ging wie in Trance zu meinem Spind und zog mich um. Ich steckte meine Arbeitsschuhe in eine Plastiktüte und verließ das Gebäude. Ich war noch bis obenhin voll mit Adrenalin, als ich an der S-Bahn-Haltestelle ankam. Meine Ohren summten, meine Beine zitterten. Ich sah auf die Uhr. Die Sache hatte nur ein paar Minuten gedauert. Wie ein Autounfall. So fühlte ich es sich an. So schnell kanns gehen, so schnell der Wechsel von gutem Job zu keinem Job, von sicherer Miete zu keiner Miete, von Plänen fürs Wochenende mit der Süßen zum Groschenumdrehen im Supermarkt.

Was solls, sagte ich mir, scheiß drauf, so toll war der Job auch wieder nicht. Aber es war eine Lüge. Man hatte mich vom Hof gejagt, wie einen Knecht, der sich an Kälbern vergangen hatte. Oder sowas.

Als die S-Bahn einfuhr, sah ich den Büchermann aus dem Wartehäuschen kommen. Er stieg ein, und ich kletterte hinter ihm in den Zug und setzte mich ihm gleich gegenüber.

„Ihretwegen habe ich gerade meinen Job verloren“, sagte ich. Er blickte mich verstört an, die Action mit dem Lauten klang noch sehr nach, das konnte ich sehen. Er starrte mich an wie einen Fremden. „Sie erinnern sich doch noch an mich?“, versuchte ich zu helfen.

„Was?“

„Bin eben fristlos entlassen worden.“

„Was?“

Er brauchte eine Weile, bis sein Gehirn in die Gänge kam, und ich ließ ihm die Zeit, die er brauchte, um das Ding zu verarbeiten. Er schien sich zu sammeln, als hätte er gerade erkannt, was für ein erbärmliches Bild er abgab.

„Das“, sagte er nun entschieden, „würde ich mir nicht gefallen lassen.“

„Werd ich mir wohl gefallen lassen müssen.“

„Müssen Sie nicht. Weswegen hat er sie rausgeworfen?“

„Weil ich Ihnen Zutritt zum Lager verschafft habe und bei der Büchersuche behilflich war.“

„Stimmt ja nicht. Ich bin allein reingekommen, und dass Sie mir behilflich waren, ist kein Grund, Sie fristlos zu entlassen.“

„In Ihrem Universum vielleicht.“

„Nein. Das würde ich mir nicht gefallen lassen.“

Ich wusste darauf nichts zu antworten. Ich fragte ihn auch nicht, wie denn so ein Nicht-gefallen-Lassen aussehen könnte. Aber es ging mir nicht mehr aus dem Kopf. Auch nicht am nächsten Tag. Eigentlich ging mir nur noch das durch den Kopf. Ich hatte jetzt ja viel Zeit, mir solche Dinge durch den Kopf gehen zu lassen.

Wer seinen Job verloren hat, braucht einen neuen. Vielleicht nicht unbedingt einen Job, aber er braucht Geld, und noch mehr braucht er so etwas wie… eine sinngebende Tätigkeit. Klingt hochgestochen. Ist trotzdem so. Sonst gehts doch gleich an die Flasche oder so, und wo das hinführt, wissen wir ja. Kein Bedarf. Ja, und was ist sinnstiftender, als dem Verursacher deiner Misere so gut wie möglich Schwierigkeiten zu bereiten?

Wohl nichts, oder? Aber was tun? Und vor allem, wie?

Muss ja nicht betonen, dass dies nicht das erste Mal war, dass ich gefeuert wurde. Andererseits war es so oft auch nicht vorgekommen, denn normalerweise lieferte ich den Chefs keinen Grund, mich zu feuern. Ich war ein guter Arbeiter, pünktlich, loyal, schnelle Auffassungsgabe, und ich habe noch nie gescheut oder zurückgezuckt, wenn es mal richtig hart kam, da gibt es keine Grenzen, denn was für einen Kumpel drin war, war auch für mich drin, ich meine, es gibt keine „niedere" Arbeit, jede Arbeit muss getan werden. So seh ich das.

Die Grenzen wurden also nicht bei der Art der Arbeit gezogen, die rote Linie verlief woanders, nämlich zwischen Respekt und Nichtrespekt, aber das ist ja bekannt.

Also was tun? Ich wusste es nicht. Aber dann erfuhr ich von der Existenz dieser Umsonst-Rechtsberatung, und da ging ich hin. Der Anwalt war freundlich und schien froh zu sein, einem Proletarier im Klassenkampf behilflich zu sein, und außerdem war er derselben Ansicht wie der Büchermann.

Ich schrieb also einen Brief an die Geschäftsleitung und verlangte die Wiedereinstellung. Ich hatte so etwas noch nie gemacht, Briefe an die Geschäftsleitung und so, aber es war auf eine unbekannte Art aufregend, und ich dachte die ganze Zeit nur noch an diese Sache und wie sie sich entwickeln könnte. Die Antwort der Geschäftsleitung ließ nicht lange auf sich warten. Kommt nicht in Frage, beschied man mir. Okay, schrieb ich zurück, dann sehen wir uns vor dem Richter. Ist uns recht, schrieben die.

Ich also wieder zur Rechtsberatung. Der Anwalt erklärte mir, wie eine Klage beim Arbeitsgericht einzureichen war. Wieder so ein neues Ding. Klage beim Arbeitsgericht. Hey, Mann! Gefiel mir. Ich verklagte jemanden. Ich.

Ich dachte die ganze Zeit nur noch an die Gerichtssache, stand morgens mit dem Gerichtsding auf und schlief nachts mit den Gedanken daran ein. War gut, etwas zu haben, an das man denken konnte. Ich hatte sonst nicht viel zu tun. Half hin und wieder bei einer Umzugsfirma aus. Das brachte gerade genug, dass mein Schiff nicht sank. Aber ich brauchte auch nicht mehr. Ich hatte dieses Gerichtsding. Ich wartete auf die Verhandlung. Und sie kam.

Als ich den Verhandlungssaal betrat, sah ich, dass hinten an der Wand, vor der dunklen Täfelung, schon eine Menge Leute Platz genommen hatten. Sie saßen auf Stühlen, die ganze Wand entlang. Damit hatte ich nicht gerechnet. Zuschauer. Mädchen und Jungs. So zwischen 16 und 18. Später erfuhr ich, dass es sich um Lehrlinge gehandelt hat, die, von der Schule aus, einer Verhandlung beiwohnen mussten. Als ich zu meinem Platz, dem Klägerpult, ging, folgten mir alle Blicke. Dann kam der Laute. Ein Typ sagte ihm, wo er sich hinstellen sollte. Natürlich ans andere Pult.

Der Laute sah scheiße aus. Wie so ne Vettel, die den Durchblick verloren hatte und die nicht mehr checkte, was gespielt wurde. Das war nicht mehr seine Fahrrinne. Das war nicht mehr Morgen, Mittag, Abend. Das war nicht mehr sein Scheißbüro, nicht mehr sein Herrschaftsbereich, wo er alle am Sack hatte und wo er nach Herzenslust rumbrüllen konnte. Das war nicht mehr sein Terrain.

Und während er sich unbehaglich zu fühlen schien, fühlte ich mich richtig gut. Dies war der Tag, auf den ich die letzten Tage und Wochen hingearbeitet hatte. Ich war ein anderer geworden. Konzentriert und böse. In mir loderte ein Feuer. Ein kaltes Feuer. Mein Hass auf den Lauten war wie eine Eispackung in meiner Brust, aber mein Kopf war schnell und klar.

Ich sah noch einmal zu den jungen Leuten hinter mir. Ich war nur ein paar Jahre älter. Einige lächelten mir zu. Auch Mädchen. Nun wusste ich, dass mir nichts geschehen konnte. Sie waren gekommen, um mit mir zusammen den Untergang dieses Arschlochs zu erleben. Herzlich willkommen.

Ich hatte ein Gefühl, als wäre die Sache schon ausgestanden. War sie natürlich nicht. Überhaupt nicht.

Der Laute tat das, was er konnte. Er gestikulierte, warf seine Arme in alle Richtungen und redete laut. Es wurde schnell offenbar, dass er nicht verstehen konnte, warum er überhaupt hier war. Er verstand nicht, dass einer wie ich, einer, der ihm widersprochen hatte, der Grund war, dass er hier stehen musste und dass der Richter und die zwei Beisitzer ihm Fragen stellten. Was, sagte jede seiner Gesten und Worte, was, Grundgütiger, war denn hier nicht klar?

Seine Stimme war immer noch laut, aber sie hatte jetzt einen klagenden Unterton. Ich sah zu ihm hinüber, ruhig, gelassen und höflich. Als ich dran war, die Sache aus meiner Sicht darzustellen, schilderte ich in klaren, nüchternen Sätzen den Hergang, so als wärs ein Protokoll. Ich hatte jede Emotion herausgefiltert, jedes Ressentiment, enthielt mich jeden Urteils über den Lauten oder sonst was, nur die Fakten, nur die Fakten und nochmals die Fakten. Zuerst hatte ich gedacht, dass ich zu weit ging, dass ich übertreibe, dass man meinen Stil gleich durchschauen würde. Aber ich merkte, dass die Richter diesen Stil mochten.

Einmal fuhr der Laute dazwischen, unterbrach mich, wurde aber gleich vom Beisitzer ermahnt. Ich lächelte milde.

Es stand, wie es heißt, Aussage gegen Aussage. Was sollten die Richter machen? Das war die Frage. War die

Fristlose gerechtfertigt oder war sie es nicht? Aussage gegen Aussage.

Der Laute hatte in seiner Schilderung vor allem Wert auf Nebenschauplätze gelegt, also auf jene Gesichtspunkte, die ihm wichtig erschienen. Das war vor allem das „unautorisierte Eindringen eines Betriebsfremden auf das Firmengelände“ und dass ich dabei behilflich gewesen sei. Dass die wesentliche und entscheidende Action erst später abgegangen war, daran dachte er nicht. Denn der Höhepunkt unserer Konfrontation kam ganz zuletzt. Wer hatte was wie zu wem gesagt. Da sah es für mich nicht so gut aus. „Arschloch“ ist eine heftige Beschimpfung, und „das größte Arschloch, das mir je begegnet ist“, ist eine Steigerung.

Gab es denn Zeugen? Fragten die Richter. Es gab Zeugen. Zumindest einen. Nun blühte der Laute auf. Er hatte einen Zeugen. Und was für einen. Das Riesenbaby! Jener Mann, sein Schatten, der ihm seit bereits dreißig Jahren vollkommen ergeben war, das war der Zeuge. Einen besseren gabs nicht. Der Laute war dumm genug, das mit den dreißig Jahren auch noch deutlich hervorzuheben.

Die Richter blickten mich an. War ich denn mit diesem Zeugen einverstanden? Hatte ich gar auch einen?

Ich war mit diesem Zeugen einverstanden. Und nein. Ich hatte keinen eigenen. Sollte der Laute seinen Zeugen haben.

Als er dann den Saal verließ, schien er guter Dinge zu sein. Er sah immer noch aus wie eine alte Vettel, aber wie eine, die gerade einen Gutschein für einen Gratiswaschlappen bekommen hat. Ich gönnte es ihm. Herzlichen Glückwunsch.

Am zweiten Verhandlungstag, eine Woche später, war der große Auftritt von Riesenbaby. Es war ziemlich grotesk. Aber plötzlich stand die Sache wieder auf der Kippe. Ich hatte hoch gepokert. Ich hatte alles auf die Richter gesetzt. Dass die wussten, was ein Zeuge wert war, der seinem Chef seit dreißig Jahren völlig ergeben war. So ziemlich nichts. Auch die Lehrlinge hinten an der Wand wussten es. Darauf baute ich.

Aber es wurde dann doch enger, als ich gedacht hatte. Riesenbaby schilderte die Auseinandersetzung zwischen dem Lauten und mir aus der Sicht eines Unterworfenen, der jede Art von Nichtunterwerfung als Meuterei gegen seinen Unterwerfer wertete. Oder so ähnlich. Oder um es in seinen eigenen Worten zu sagen: So was tut man einfach nicht. Nicht bei seinem Chef.

Es war auf eine perverse Art erfrischend, ihn im Zeugenstand zu sehen. Ein beinahe perfektes Abbild seines Chefs. Gleich groß, gleiche Körperfülle, denselben Satz sinnloser Gesten. Aber doch – eine Spur leiser. Das Laute, das Gebrüll, das war dann doch nur dem Meister vorbehalten.

Dann kam die entscheidende Frage: „Was hat denn der Herr X genau zu Ihrem Chef gesagt?"

Das war Riesenbaby nun gar nicht recht. Es druckste herum. Es wollte nicht heraus mit der Sprache. Aber dann, auf Nachfrage des Richters, sagte es: „Blödmann oder so was hat er gesagt, jedenfalls etwas, das man zu seinem Chef sicher nicht sagt..."

Es klang verzweifelt. Und großartig. Der Große konnte es nicht sagen. Er konnte nicht „Arschloch" sagen! Er kriegte es nicht heraus. Es war ihm anzusehen, warum. Es war dem großen Mann peinlich. Vor all den Leuten und den Herren Richtern. Da sagte man nicht „Arschloch". Das ging nicht, verstehst du, er konnte es nicht. Er erinnerte sich bestimmt, aber er brachte es nicht über die Lippen! Fast tat er mir leid. Im Ernst. Pervers.

„Haben Sie Blödmann gesagt?", fragte mich der Richter.

„Weiß ich nicht mehr. Kann schon sein. Ich war doch etwas aufgebracht", sagte ich. Es machte mir nichts aus zu lügen. Es ging wunderbar glatt, ich meine, ich empfand Befriedigung beim Lügen, man könnte sagen, es machte Spaß, aber so etwas sage ich nicht, denn Spaß ist ein Wort, das ich mir für andere Gelegenheiten aufhebe. Wie auch immer. Hier ging es nicht um die Wahrheit, nicht um Recht und Gerechtigkeit, es ging um das, worum es meistens geht: Rache.

Nein, mein Herr, ich wollte keine Gerechtigkeit. Ich war nicht dumm. Denn es gibt keine Gerechtigkeit. Es gibt so etwas wie Recht, ja, und es gibt, und das ist wirklich wichtig, es gibt märchenhaft süße, kühle Rache.

Mit der Aussage von Riesenbaby war die Sache gelaufen. Das Gericht zog sich zur Beratung zurück.

Wir waren alle im Flur draußen, die Lehrlinge, der Laute, das Riesenbaby, ich, und neu hinzugekommen der Firmenchef, der sich den Burschen ansehen wollte, der hier Ärger machte. Netter, älterer Herr, freundlich, gut gelaunt. Wir schüttelten uns die Hände. Der Laute sah es. Musste ihn richtig abfucken, dass ich mich mit seinem Chef freundlich unterhielt. Aber es kam noch schlimmer. Für ihn.

Die Urteilsverkündung. Ein schöner und würdiger Moment. Ich werde ihn nie vergessen. Die Kündigung, befand das Gericht, war zu Unrecht ausgesprochen worden. Entweder die Firma stellte mich wieder ein, oder sie zahlte mir bis zur gesetzlichen Kündigungsfrist meinen Lohn weiter.

Es dauerte eine Weile, bis der Laute begriff. Es war wunderschön. Es sickerte langsam in ihn hinein, wie die Wahrheit einer tödlichen Krankheit. Ich konnte an seinem fassungslosen Gesicht sehen, wie sich das Wahrheitsgift über die Blutbahnen in seinem Körper ausbreitete, ihn zersetzte und alles zerstörte, woran er geglaubt hatte. Er verstand es nicht. Und er reagierte darauf, wie er immer reagiert, er brüllte rum, er machte den Lauten, er schrie um Hilfe, nach Revision; tief verwundet entrang sich seinem Mund ein Schrei nach Gerechtigkeit, und ich, ich stand daneben, sah ihm zu und fühlte, wie das Rache-Eis in mir schmolz, wie es warm wurde wie nach einem Tee mit Rum in einer kalten Berghütte, spürte, wie das Eis sich in flüßigen, heiß pulsierenden Triumph verwandelte.

Ich war ein Tier, das ein anderes Tier getötet hatte. Ich hatte den Lauten getötet, vernichtet, ich hatte ihm die Gewissheiten seines Lebens weggenommen, es würde nie mehr so sein, wie es vorher gewesen war. Er war tot, tot, tot, und ich war lebendig, so lebendig wie nie zuvor.

Beim Rausgehen sah ich ihn lange an, und eine Sekunde dachte ich daran, ihm im Vorbeigehen auf die Schuhe zu spucken. Aber ich tat es nicht. Er war bedient.

Später hörte ich, dass er für meinen Job nur noch Frauen einstellte.

Wenn er sich da nur nicht schon wieder täuschte…

LIEBE

Der Bus wartete in der Dunkelheit, dort, wo einmal das Gestapo-Hauptquartier gewesen war, wo aber jetzt ein Denkmal stand, eines aus Stein und Bronze, eines, das man leicht übersah, weil es von irgendwas halb verdeckt wurde. Schattenhafte Gestalten umlagerten den Bus, dessen eine untere Seite geöffnet war, damit die Schatten ihre Schattenkoffer einladen konnten.

Ich hielt den Bus für ein riesenhaftes Insekt, das sich mit einem kaputten Flügel in den trügerischen Schutz des Bordsteins gerettet hatte, wo es von den Schattengestalten geschändet wurde. Kein schöner Anblick. Aber es war nur die Angst.

Wir fuhren in der Dämmerung eine Weile dem kalt glänzenden Fluss entlang und schaukelten dann jäh nach rechts auf die Autobahn, zu all den anderen Fahrzeugen der morgendlichen Vorhut eines grauen und freundlichen Dezembertages.

In der Ferne leuchteten aus den Nebelschwaden die schönen Lichtergirlanden der Raffinerie, hellstrahlend, wie kaltes Magnesiumfeuer, und aus dem Gebläse über meinem Kopf kam der kühle Aasgeruch des Schweröls auf mich herab, und dann zog die ganze Pracht der Lichterketten im Dickicht der Metallrohre langsam an uns vorbei, wie eine mächtige mythische Prozession, die in mir den Wunsch weckte, mich zu bekreuzigen.

In der Ankunftshalle des Flughafens machte die Anzeigetafel rasselnde Geräusche, und ich las langsam und immer wieder die schönen Namen der Städte. Am besten gefielen mir Caracas und noch eine, die ich vergessen habe.

Als eine etwas düstere Bierkneipe am Rand der Halle öffnete, ging ich hinein, aber die Gestalten, die um diese Uhrzeit schon vor ihren Bieren saßen, deprimierten mich, obschon ich selber ein Glas hätte vertragen können, also drehte ich um, ging zurück in die Halle, wo ich auf und ab ging, bis sie im offenen Ankunfts-Tor erschien.

Sie schritt in die Halle wie jemand, der irgendwie ein Star war, mit dem aber etwas nicht stimmte. Ihr Haar war nicht rot wie ihr bordeauxrotes Jackett, aber beinahe, und ihre enganliegende Lederhose sah aus wie die schwarz glänzende Strumpfhose einer perversen Emuhenne, und um die Schulter wogte in der Zugluft eine dunkle Stola, die sie aus dem Fundus ihrer Hippiemutter geklaut hatte. So schritt sie einher. Nicht zu vergessen ihre Tasche, eine Tasche, die den letzten Rest der Star-Illusion zunichte machte, falls es einem nicht gelang, sie zu ignorieren. Da kam sie. Da war sie. Jana.

Sie warf mir diese Tasche vor die Füße, und in mir schwallte sogleich ein trockener Hass hoch, der rasend danach verlangte, durch Schläge gelöscht zu werden, wieder und wieder und wieder, aber ich sagte nur: „Hallo Jana! Guten Flug gehabt?“

Sie sagte noch nichts, sah mich nur lange an. Ihre Augenlider zuckten vor Müdigkeit in dem dick und hell geschminkten Gesicht. Fette Striche Mascara prangten in ihm, wie Kettchen von winzigen Rußtropfen an einer schrundig verputzten Hauswand.

„Nett, dass du mich abholst“, sagte sie ironisch, und nun roch ich ihr Parfum, das ich schon lange gerochen, aber in meine Nebenhöhlen umgeleitet hatte, bis diese überliefen und ich nichts mehr dagegen tun konnte. Es war ein dominantes Parfum, eines, das nichts neben sich duldete. Ich nannte es „Puff im Leichenschauhaus".

„Ja", sagte ich, „ich bin nett."

„Du siehst aus, als wärst du betrunken…"

„Bin ich nicht", sagte ich und hob ihre Tasche auf, in der ich harte runde Gegenstände spürte. „Ich bin verkatert."

„Immerhin. Gratuliere."

„Ja. Lass uns von hier verschwinden."

Wir gingen nebeneinander her, ich mit der Tasche, sie ohne. So traten wir hinaus in ein heftiges Gewühl von ankommenden Autos und aussteigenden Passagieren, von hupenden Taxis und dicken Männern in Mänteln, die in Karren das Gepäck ihrer Familien vor sich herschoben. In einem hohen, verdreckten Fenster der Halle lag die aufgehende Sonne wie eine angefaulte Mandarine.

Das alles ging uns nichts an.

„Man hat mich gewarnt, hierherzukommen", sagte Jana im Bus. „Meine Freundinnen halten nichts von dir. Sie verstehen nicht, dass ich trotzdem hier bin."

Ich sagte nichts, sah aus dem Fenster. Es war dieselbe Strecke wie vorhin, aber ich erkannte sie nicht wieder, denn ich saß auf der anderen Seite, wo es keine Raffinerie, sondern nur eine langweilige Ebene mit dummen, kleinen Häusern gab. Der Himmel darüber war wieder zugezogen, tief und weit, wie die Spiegelung eines winterlichen Sees.

„Ich weiß selber nicht, warum ich gekommen bin."

Sie suchte meinen Blick. Es lag eine Menge Verzweiflung darin, und ich fühlte, wie sehr sie sich dafür hasste, dass sie hier war. Vielleicht noch mehr als mich.

„Weißt du, warum ich gekommen bin?"

„Ja“, sagte ich.
„Und warum?“
„Ich weiß es. Und du weißt es auch.“

In der U-Bahn war es voll wie nie, und wir wurden zusammen in die Ecke bei der Tür gedrängt und ich schob ihr zwei Finger zwischen die Schenkel. Das Leder ihrer Hose war warm und weich wie die Haut eines fiebrigen Tiers. Ich drückte, und sie drückte zurück und öffnete ein wenig die Beine und ich schob meine ganze Hand nach und ließ sie dort, bis wir ausstiegen.

Wir gingen schnell zu meiner Wohnung.

Sie lag unter mir, wie sie immer unter mir lag, keinen meiner Stöße beantwortend, den Kopf in den Nacken gelegt, die Kehle frei, wie zum Biss feilgeboten. Kleine, lächerliche Stöhnlaute kamen zwischen ihren schwarzen Lippenstiftlippen hervor. Die Augen hatte sie geschlossen, als hörte sie auf das Echo meiner Stöße in sich drin, jede Bewegung vermeidend, damit ihr auch keiner entging.

Ich machte es kurz. Sie hörte sofort auf, diese Laute von sich zu geben, und sie lag einfach da, nackt, wie entblättert, mit diesem offenen Schlitz, aus dem jetzt ein glasiger Faden meines Saftes über die dunkle Dammnaht lief.

Wir zogen die ganze Nacht durch die Clubs und die Lokale, und ich zeigte ihr den Teil der Stadt, den ich kannte. Ich staunte und hörte nicht auf zu staunen, dass sich jedes Mal eine Menge Typen an unserem Tisch einfand, als wäre sie ein Magnet und die Kerle wären Eisenspäne auf dem Tisch eines Schlossers. Ich sah, wie Jana die Aufmerksamkeit genoss und wie sie nicht mehr aufhörte zu reden und zu lachen und wie sie eine Menge kleine Gläser gekühlten Weißweins kippte, und dazwischen auch die vielen Gläser mit Likör, die die Eisenspäne ihr spendierten.

Als wir bei Tagesanbruch nach Hause kamen, war sie aufgekratzt und betrunken, und im Bett hockte sie sich gleich auf meine Brust wie eine nackte, wahnsinnig weiße Rodeoreiterin und ritt mich, eine imaginäre Reitgerte schwingend, während sie versuchte, mir ihren roten Busch auf den Mund zu drücken. Ich ließ sie eine Weile gewähren, ohne jedoch das zu tun, was sie unausgesprochen von mir verlangte. Als sie sich dann auf mein Gesicht setzen wollte, warf ich sie ab und brachte es zu Ende, so wie immer.

„Ich habe kein Geld mehr."

„Du hast kein Geld mehr? Was soll das heißen?", sagte Jana, die meinen kleinen Beistelltisch zu einer Ablage für ihre Töpfchen mit den Cremes und für all die anderen unaussprechlichen Dinge, die in Patronenhülsen ähnlichen Behältern aufbewahrt wurden, umfunktioniert hatte und mit irgendwas in ihrem Gesicht herumtatschte.

„Wie viel Interpretationsspielraum gibt es da?", sagte ich und trank irgendwas, das wie Kaffee aussah und auch wie Kaffee schmeckte.

„Jede Menge. Hast du kein Bargeld mehr und musst deswegen zum Bankautomaten..."

Ich lachte.

„...oder hast du kein Geld mehr und musst deine Reserve anbrechen oder... hast du echt kein Geld mehr?" Es klang besorgt und ärgerlich.

„Was glaubst du?"

Jana sagte nichts und beendete die Arbeit an ihrem Gesicht, die sie vor einer Stunde aufgenommen hatte. Beeindruckend. Das Resultat. Sie war mindestens so verkatert wie ich und musste sich schrecklich fühlen – nicht so schrecklich wie ich, denn ich trank schon einige Tage durch und kam nicht mehr runter, aber doch schrecklich genug.

„Und? Was nun?“, sagte ihr Mund unter dem Lippenstift.

„Ich werde deinen Arsch verkaufen müssen“, sagte ich leichthin, aber ohne jede Ironie.

Wir blickten uns in die Augen, was schwer genug war, denn man konnte Jana nicht lange in die Augen sehen, weil ihr Blick sofort leer wurde oder zu flackern begann. Aber jetzt wurde er nicht leer, etwas geschah hinter ihren Augen, ich konnte es sehen.

Es klopfte an der Tür. Draußen stand mein Nachbar. Er sah aus wie ein Toter, und an seinem rechten Zeigefinger baumelte eine halbvolle Gallonenflasche Bourbon einer Marke, die ich noch nie gesehen hatte. Etwas im Hintergrund standen seine drei Freunde, Dosenbier in den Fäusten. Ja. Nun fiel es mir wieder ein. Sie waren die letzten, mit denen wir gestern Nacht getrunken hatten, unten im „Asyl“. Es waren tschechische Dichter aus Prag oder sowas, und sie waren, wie mein Nachbar stolz erklärt hatte, auf dem Weg zu einer Lesung. Eine Lesung, das war vielleicht etwas Großartiges – jedenfalls für Tschechen, wie es schien. Nun machten die Typen Zwischenstation bei meinem Nachbarn, soffen sich die Hucke voll und sahen inzwischen so übel, durchgeknallt und übernächtigt aus, dass man Angst kriegen konnte.

„Ist das schöne Mädchen da?“, fragte mein Nachbar schlicht, aber einstudiert. „Meine Freunde möchten es begrüßen und sich verabschieden… bevor sie fahren müssen… zur Lesung.“

Ich machte Platz, und sie strömten trampelnd herein. Sie umringten Jana, wie Soldaten eine Nachtclubsängerin in einem Ufa-Schwarz-Weiß-Film. Nicht schlecht. Und ich,

ich ließ alles geschehen und sah aus der Distanz zu, wie ich gestern alles hatte geschehen lassen und zugesehen hatte. Da kamen die Typen und machten mein Mädchen an, während ich dabei war. Und ich hatte es geschehen lassen. Mein Gott, wie egal mir diese Männerscheiße war!

Ich überlegte, ob ich ihnen eine Nummer mit Jana anbieten sollte, aber ich verkniff es mir. Tschechische Dichter. Wer war so verrückt, bei denen Geld zu erwarten? Aber vielleicht täuschte ich mich. Ich ließ es trotzdem bleiben.

Sie boten Jana ihre Dosen an, mein Nachbar gar seinen Gallonenbourbon. Jana lehnte mit einem ihrer schwarzlippigen Lächeln ab und strahlte einfach in die Runde.

Als sie gegangen waren, sagte sie: „Und was war mit dir? Brauchst du kein Geld?"

Ich wusste genau, was sie meinte.

Ja, was war mit mir?

Marc wohnte ein paar Häuserzeilen weiter und wir gingen zu Fuß hin. Inzwischen hatte es leicht geschneit und ein lockeres Vlies aus Flocken bedeckte den Asphalt und den Straßendreck. Es war seltsam, mit Jana zu gehen, denn Jana war nicht zum Gehen geboren, Jana ging nie zu Fuß, dafür waren ihre Stiefel, die über ihren Knien endeten, nicht gemacht, dafür war nichts an ihr gemacht, am wenigsten ihre Beine, das konnte jeder sehen. Strange. Wirklich. Wir beide. Auf dem Gehsteig, neben den sechs Spuren der Stadtautobahn, umtost von Motorenlärm und dem reißenden Geräusch der Reifen auf der feuchten Straße. Und weit und breit niemand zu sehen, als wär die Gegend voll mit Schildern *Fußgänger nicht erlaubt*.

Wenn ein Streifenwagen des Weges käme, wären wir fällig. Es kam keiner. Noch nicht. Normalerweise brauchte ich für die Strecke etwa zehn Minuten. Heute würden es doppelt so viele werden. Ich ging zwei Schritte vor Jana, blieb alle drei Sekunden stehen, um nach ihr zu sehen und um eine Portion ihrer hasserfüllten Blicke einzuheimsen. Ich ging vor ihr, um dem „Puff im Leichenschauhaus" zu entgehen, zum einen; zum anderen, um ein wenig Tempo zu machen. Aber es funktionierte weder das eine noch das andere. Der Wind kam von der falschen Seite, und ihr Stiefelgestakse war beängstigend, es sah aus, als würde sie jeden Moment zur Seite abknicken und unter die Räder der vorbeitosenden Autos stürzen.

Als wir bei Marc ankamen und ich die Klingel drückte, war die Stimmung am Boden und wir hassten uns wie ein Ehepaar nach zwei Wochen Urlaub. Die Unsicherheit, ob Marc überhaupt zu Hause war und ob er mir aushelfen konnte – oder wollte –, marterte unsere nach Alkohol gierenden Nerven, und die Synapsen stellte ich mir als klappernde Auspuffdeckel vor.

Aber als dann Marcs kleine Stimme aus der Gegensprechanlage kam und der Summer ertönte, schien der Gipfel erklommen. Fast.

Wir stiegen noch vier Stockwerke hoch. 200 Stufen. Die letzten 25 nahm ich Jana bei der Hand und zog sie hinauf. Marc war bei der Arbeit, hatte die Kamera in seinem großen Eckatelier aufgebaut und fotografierte irgendwas. Es sah aus, als mache er Bilder von seinem Atelier, aber sicher war ich mir nicht. Sein Blick wanderte von Jana zu mir und wieder zurück, und sein Blick wollte eigentlich bei Jana bleiben, aber er traute sich nicht, und deswegen schob der kleine Marc nervös seine Clark-Kent-Brille hin und her. Jana stöckelte im Atelier umher und stellte sich vor jedes der sechs Fenster und sah auf das Treiben der Hochbahnhaltestelle unter uns.

Ich nahm Marc beiseite.

Er sah aus, als wüsste er, was gleich kommen würde. Er kannte mich. Aber so leicht wollte ich es ihm nicht machen.

„Gefällt sie dir?“, fragte ich so beiläufig wie möglich.

„Weiß nicht… ja, schon… irgendwie…“

„Lust auf eine Nummer?“

„Was?“

„Muss ich noch deutlicher werden?“

„Auf was willst du hinaus?“

„Du kannst sie haben. Ich mach einen Spaziergang und komm nach einer halben Stunde zurück.“

Ich nannte ihm einen Preis. Er glotzte erst ein wenig, zog dann ein großes Taschentuch aus seiner Hosentasche, schnäuzte hinein und schob dann wieder seine Brille herum.

„Was ist mit dir los? Machst du jetzt auf Zuhälter?“

„Ich versuchs“, sagte ich.

„Dein Ernst?“

„Du kennst mich.“

„Du bist pleite. Das ist es. Nichts Neues.“

Jana kam heran und Marc wurde nervös.

„Ich muss weitermachen“, sagte er. „Ich habe einen Termin.“

„Ich brauch was“, sagte ich. „Dringend. Wir sitzen auf dem Trockenen. Überlegs dir. Schnell… Lass dir einen blasen… von ihr…“

Angewidert fischte er nach seiner Brieftasche. Wie so oft. Immer fischte er nach seiner Brieftasche, wenn ich zugegen war. Für einige lange, lange Momente wallte in mir die Wahrheit meiner parasitären Existenz hoch, breitete sich aus und flutete jede Zelle meines Körpers mit ihrem heißen Essig, aber als ich die Scheine sah, ging das Gefühl wieder weg, wie eine Welle, die vom Strand zurück ins offene Meer der Lügen rollt. Wo es auch hingehörte.

In einem billigen bulgarischen Restaurant aßen wir Bohnensuppe und hausgemachtes, heißes Weißbrot, tranken die ersten kühlen Gläser und Flaschen. Ich fühlte, dass ich sterben würde, wenn es mir nicht gelang, vom Stoff runterzukommen, und der Umstand, dass Jana da war, machte es nur noch schlimmer, denn jetzt war es vollkommen unmöglich, runterzukommen. Bevor wir uns aufmachten, um eine weitere Nacht in den Sümpfen der Stadt hinter uns zu bringen, lag Jana bei mir zu Hause auf der Couch, und wie es der Zufall wollte, saß ich im Sessel, seitlich hinter ihr. So lag sie da, ohne mich sehen zu können, und redete von ihrem Leben, ihrer Hippiemutter und ihren Freundinnen aus reichem Hause, von ihrem Studium und davon, was ihre reichen Freundinnen von einem Kerl wie mir hielten. Und ohne es gesucht und gewollt zu haben oder es auch nur zu ahnen, ergaben unsere Körper auf dem Mobiliar ein bestimmtes Bild, eine Art Stilleben, das jeder schon mal gesehen hatte, ein Bild, das die Welt von dieser Stadt aus erobert hatte, unweit von da, sozusagen um die Ecke, ein Bild, das wir gerade nachstellten. Ich glaube nicht, dass es Jana auffiel, aber mir fiel es auf. Für sie war es alltäglich. So viel ich wusste, hatte sie ihre wöchentlichen Shrinksitzungen, und vielleicht, so dachte ich nun, war für sie das ganze Leben eine Shrinksitzung. Und das war irgendwie ziemlich traurig. Oder vielmehr: Es war trist.

Sie redete drauflos, als ginge es um ihr Leben, und der Redefluss wurde breiter und höher und uferte dann aus, bis mein Mitleid wiederum dem Hass gewichen war.

„Lass uns gehen“, sagte ich, stand auf und zog meine Lederjacke an.

„Wohin denn?“, fragte sie wie jemand, der gerade aufgewacht war.

„Arsch verkaufen“, sagte ich.

Sie stellte langsam ihre Beine auf den Boden. Die Sitzung war beendet.

Wir zogen durch dieselben Lokale wie die Nacht zuvor, hängten aber noch ein oder zwei neue an. Wir trafen auf alte Bekannte. Wir lernten neue Eisenspäne kennen. Es dauerte ein wenig, bis ich über den Berg war und die Drinks nicht nur dazu da waren, um den Entzug zu lindern. Aber dieser Zeitpunkt fiel exakt mit dem der neuerlichen Pleite zusammen.

Ich tat mein Möglichstes. Ich nahm den einen und den anderen der Jungs beiseite: „Möchtest du mit ihr ficken?“

Einige reagierten geschockt und brauchten eine Weile, bis sie es sich eingestehen konnten, andere sagten sofort ja. Wenn ich dann den Preis nannte und sie erkannten, dass es nicht nur eine rein rhetorische Frage gewesen war, wurden die einen eisig oder aggressiv, die anderen bedauerten, nicht über genügend Geld zu verfügen, aber für die meisten kam es nicht in Frage, für Sex zu bezahlen. Aus Prinzip. Ich fragte nie, warum eigentlich. Für alles andere bezahlten sie ja auch. Warum nicht für Sex?

Ich konnte sehen, dass Jana mich jedes Mal beobachtete, wenn ich mit einem der Typen verhandelte, und ihr Blick war ziemlich seltsam, und je länger der Abend dauerte, desto mehr Ungeduld glaubte ich darin zu sehen. Ich weiß nicht. Sie schien die Situation herbeizuwünschen, wo ich sie mit ihrem Kunden bekannt machte. Wie es dann weitergegangen wäre, darüber dachte ich nicht nach, denn wir hatten ja nicht einmal ein Auto. Es hätte also eine Toilettennummer werden müssen. Oder der Kerl wohnte um die Ecke oder konnte sich ein Hotelzimmer leisten. Es gelang mir, von einem Wirt, der mich flüchtig kannte, etwas Geld zu leihen, so dass es weitergehen konnte. Und es ging weiter. Einfach weiter.

Ich wachte auf, weil irgendwas nicht stimmte. Es war ein grässliches Erwachen. Ein weißhäutiger Engerling, der sich im offenen Mund einer Träumenden windet. Ich wusste nicht, wo ich war, was ich war und wann es war. Aber ich spürte, dass Jana mir in meiner Ohnmacht einen Steifen verpasst hatte. Durch die Trainingshose hindurch, die ich aus irgendwelchen Gründen anhatte. Mein Herz schlug wummernd und ich bekam sofort fürchterliche Angst, dass es kaputtgehen könnte. Mein Mund war so trocken wie noch nie zuvor und der Geschmack darin war namenlos. Aber Jana hielt mein Ding. Durch die Hose.

Ich würde sterben. Jetzt gleich. Mein Herz zerplatzt. Ich sterbe mit einer Erektion, in einer unermesslichen Panik. Jetzt geschah es. Es geschah jetzt.

Ich öffnete die Augen.

Der Wecker sagte kurz vor Sieben. Auf den Fenstern war glänzende Schwärze. Morgens? Abends? Janas Hand an meinem Schwanz. Ich wälzte mich auf den Rücken. Wandte den Kopf. Blickte in ihr Gesicht. Ihre Augen. Die Augen eines panischen Pelikans. Ich starb und fühlte, wie leer sie war. Das war ihr Geheimnis. Diese Leere. Das Tote in ihr drin. In einem länglichen Blechkanister. Oder nicht mal das. Die Kälte des Alls. Eingekerkerter Sternenwind. Qual. Ich starb in die Leere dieser Frau hinein. Ich zog ihr das Höschen aus. Streifte meine Trainingshose runter. Ich steckte meinen Schwanz in diese Leere. Aber er war zu kurz. Er war nicht groß genug. Ich hätte den Schwanz eines Elefantenbullen haben müssen. Heiß und rau und kurvig. So leer war es in ihr. Ich tat, was ich konnte. Mein Herz schlug noch schneller und härter. Wie konnte es das nur aushalten?

Würde ich so sterben? Würde ich?

Dann sollte es so sein.

Ich brachte sie zum Flughafen.

„It was a walk on the wild side“, sagte ich. „Ein klein wenig...“

„Als Zuhälter taugst du nichts“, sagte Jana vor dem Check-in-Schalter.

„Ich lerne schnell.“

„Du siehst scheiße aus“, sagte sie. „Fertig. Kaputt.“

„Ich könnte jetzt ›gleichfalls‹ sagen. Mach ich aber nicht.“

„Weil du mich liebst“, sagte sie ohne Ironie.

Es überraschte mich nicht, dass sie das jetzt sagte, und zum zweiten Mal war da etwas in ihrem Blick, etwas, das hinter all dem anderen war, das man sonst in ihren Augen sehen konnte.

Dass sie jetzt ging, zurückflog, zu ihren Freundinnen, mit neuem Material für ihre Shrinksitzungen, machte alles irgendwie gut und weich und, ja, süß. Dass sie wieder ging, war das Beste, was geschehen konnte. Es war etwas gewesen und jetzt war immer noch etwas. Man musste es nur überleben. Und dann sehen, wie es weiterging. Das war alles.

ON THE ROAD MIT NIETZSCHE

Ich hatte es schon wieder getan. Es lag nicht daran, dass ich gerade entlassen worden war. Es lag an nichts. Ich tat es einfach, weil ich es tun musste, und ich musste es tun, weil einfach nichts stimmte. Ich kriegte die Welt nicht zusammen. Ich machte dies und ich machte das. Aber letztlich half nichts. Außer rumstänkern. Oder so was. Denn sie gingen mir alle auf die Nerven. Das war der Grund. Alle. Nun, vielleicht nicht *gar* alle. Aber doch alle.

Am Abend nach der Entlassung ging ich auf eine Party und geriet in Streit mit einem kleinen und klugen Mann, dem ich mich unterlegen fühlte. Ich hätte ihn ohne weiteres niederschlagen können, aber das hätte nichts geändert. Er war im Recht und ich nicht. Und alle, die da waren, wussten das. Ich verließ die Party und ging in eine Bar und trank eine Menge Scotch und Bier.

Am nächsten Morgen wurde ich wach, weil mir die Sonne ins Gesicht schien. Ich hatte sogleich einen Hass auf sie und quälte mich auf die Beine, um ihren Folterstrahlen zu entgehen. Und dann spielte ich das Spiel. Das Spiel hieß: „Such den Raps“.

Die Morgen nach solchen Nächten verbrachte ich damit, dass ich das Zimmer auf den Kopf stellte, jedes Buch aus dem Regal zog und es ausschüttelte, die Matratze wendete, jedes Kleidungsstück abtastete, jede Tasche einer Inspektion unterzog. Auch das Gefrierfach des Kühlschranks.

In solchen Nächten versteckte ich mein Geld vor möglichen Einbrechern, die leichtes Spiel mit einem Bewusstlosen hätten. Ich war schlau. Ich ließ es nicht in meiner Hose. Ich schob es in Bücher. In *Haben und Sein* zum Beispiel, da war der Zusammenhang mit Geld offenbar. Für mich. Nicht für Einbrecher, die keine Bücher lasen, wie ich aus dem Knast wusste. Oder ich steckte es in *Wendekreis des Krebses*. Miller war doch immer pleite gewesen. Der konnte es brauchen. Oder ich legte es unter die Erbsen im Tiefkühlfach. Die Assoziationsketten nach so vielen Whiskys und Bier waren fast unendlich.

Das Problem war, dass ich mich nach solchen Nächten an nichts mehr erinnern konnte. Wo war nun das übrig gebliebene Geld?

An diesem Morgen fand ich nur Münzen in der Hosentasche, und auf dem feuchten Hemd lagen eine welke schwarze Rose und eine kleine Metallmaus mit einem Schlüssel im Rücken. Ich brach innerlich zusammen. Ich konnte fühlen, was geschehen war. Etwas Schönes und doch gänzlich Dummes. Wer möchte da nicht sterben?

Aber während ich intensiv an mein Sterben dachte, kam der Typ von unten und wollte irgendwas. Ich starrte ihn an, denn es kursierte das Gerücht, dass er eine Wrestler-Karriere anstrebte. Er war klein und kompakt wie ein kaputter Motorblock, aber er sah nicht aus wie ein Wrestler. Ich hatte ein paar Mal für ihn gearbeitet, irgendwelche Flickjobs, die märchenhaft gut bezahlt wurden, ohne dass es einen erkennbaren Grund dafür gab. Ich hatte mich danach jedes Mal schlecht gefühlt, ohne zu wissen, warum. Vielleicht, weil ich mich neben einem, der solche Jobs an Land ziehen konnte, wie ein Versager fühlte.

Ich fragte ihn, ob er mich gestern Nacht gesehen habe, als ich nach Hause kam.

„Hab ich nicht“, sagte er mechanisch, als wäre dies die Antwort auf alle Fragen.

Als er wieder gegangen war, schämte ich mich plötzlich so sehr, dass ich glaubte, das Bewusstsein zu verlieren. Die Schmach rollte in heißen Wellen heran und verebbte in meinem Haaransatz. Eine um die andere kam und verebbte, und meine Wangen fühlten sich an wie eine Lastwagenplane an der Sonne.

Ich setzte mich in der Küche auf einen Stuhl und starrte aus dem Fenster auf die schwarze Linde, deren Wipfel man abgeschnitten hatte und die von wuchernden Misteln erwürgt wurde. Dann stand plötzlich Maya in der Tür. Sie lehnte mit verschränkten Armen am Türrahmen und blickte mich ironisch an.

„Ich verschwinde hier“, sagte ich.

„Keiner wird so schnell mit einer Stadt fertig wie du“, sagte Maya.

„Ich komme wieder. Wenn etwas Gras über die Sache gewachsen ist.“

„Welche Sache meinst du?“

Ich holte die Rose und die Spielzeugmaus und die Münzen.

„Das hier“, sagte ich.

„Ich verstehe“, sagte Maya.

„Hier drin…“, sagte ich theatralisch und tippte auf meine linke Brust, „hier drin…“

„Ach was“, sagte Maya.

„Doch“, widersprach ich. „Genau hier drin.“

„Meine Güte, was ist nur aus dir geworden? Wirst du jetzt weinen oder was?“

„Kann sein.“

„Dann los. Sonst heulst du ja nur im Kino…“

„Wenn ich zurück bin.“

„Versprochen?“

„Ach, leck mich…“

Nachdem sie gegangen war, suchte ich das Telefon. Ich fand die Schnur und zog daran. Ein verschwitzer Pullover und ein zerknülltes Handtuch glitten heran.

Ich rief die Nummer an, die ich aus einer linken Zeitung ausgeschnitten und mit Klebeband in die Wölbung der Gabel geklebt hatte. Die Stimme am anderen Ende war warm und sexy und sagte, ich solle doch gleich herkommen. Ich legte auf und ging.

Dies war der Ort, wo Nietzsche gelebt hatte. Hier war es. Nicht genau hier, nicht an der Straße, aber weiter oben, außerhalb des Dorfes, dort stand einsam sein Haus.

Ich kann mich nicht erinnern, wie der Ort ausgesehen hat, denn erstens blieb ich außerhalb, an der Passstraße, und zweitens kann ich mir den Charakter von Dörfern nicht einprägen. Ich weiß, dass ein Wind ging, und ich konnte den See riechen. Es war ein Geruch, wie ich ihn aus meiner Kindheit kannte, wenn im Frühling die Schleusen des Flusses geöffnet wurden und sich das Wasser wild und weiß über die Schleusentore bäumte, als wäre es ein vor sich hintobender Berg, und wie ich bei diesem Anblick Angst bekam und an all meinen Fähigkeiten zweifelte. So roch es. Daran erinnere ich mich.

Also gut. Nietzsche. Ich hielt meinen Daumen raus, wenn ein Auto kam, aber mein Daumen bekam nicht viel Frischluft ab. Hier war nichts los. Außer Nietzsche. On the road mit Nietzsche. Ich hatte mal ein Buch von ihm gelesen. Ich war siebzehn und las Nietzsches *Also sprach Zarathustra*. Jemand hatte gesagt, dass es ein gefährliches Buch war. Das hatte genügt, und schon besaß ich es. Und wahrlich. Das Ding hat mir richtig Angst eingejagt. Ich wusste danach, dass ich all dem nie genügen würde, dass ich nie jemand wie Nietzsche sein könnte, einer, der all diese Dinge dachte und so klar darüber schreiben konnte und ohne Kompromisse lebte. *Zarathustra* las sich wie die Bibel. Aber die Bibel hatte mir keine Angst gemacht, Friedrich schon.

Ein türkisfarbener Opel fuhr vorbei. Ich hatte nicht mal den Daumen aus der Tasche geholt. Es war mir mit einem Mal nicht mehr wichtig, dorthin zu kommen, wo ich erwartet wurde. Ich dachte an die Zeit, als einem Bücher noch Angst einjagen konnten. Und nicht unbezahlte Rechnungen.

Dann kam ein Laster und schnitt direkt vor mir in die Grasnarbe. Die Beifahrertür flog auf.

„Was ist? Willste mit oder nicht? Hab nicht den ganzen Tag Zeit!"

Auf der Passhöhe verlangsamte der Fahrer, und ich sprang heraus, winkte ihm zu und ging das letzte Stück zu Fuß. Da vorne lag es. Das Kurszentrum. Drei oder vier geduckte Gebäude im freien Gelände. Ich sah den Himmel. Warum erst jetzt? Er war blau. Na klar war er blau. Ein junger Wind kam von der anderen Seite des Passes und streichelte die kurzen Gräser und Kräuter am Weg.

Das war es also! Mein neues Zuhause. Hier würde ich arbeiten und leben. Hier würde ich die Sonne aufgehen sehen, und hier würde ich abends auf der Bank sitzen und sehen, wie sie wieder sank. Fühlen, wie der kühle Abendwind über die Grate kam und mich nötigte, im Haus meine Jacke zu holen.

Besaß ich denn überhaupt eine Jacke? Ja. Ich besaß eine. Sie würde nach Rauch und Mottenpulver riechen, nach Erbsensuppe mit Speck. So roch es in solchen Hütten. Und warum glaubte ich so genau Bescheid zu wissen über all die Dinge, die geschehen würden? Nun, jeder wusste das. Zumindest jeder, der mit dem Leben in den Bergen vertraut war. So war das eben. Mehr nicht. So war es, so ist es, so wird es sein. Da änderte sich nichts. Auf beunruhigende Weise beruhigend. Genau das, was ich jetzt brauchte. Beruhigung. Nüchternheit. Abgeschiedenheit. Stille. Einkehr. Hausarbeit. Ich war den Verführungen der City nicht gewachsen. Aber war ich der Abgeschiedenheit gewachsen?

Dort vorne, sieh, dort ist das Kurszentrum. Es hat einen Namen. Du hast ihn vergessen. Aber es ist nun deine Zuflucht. Das berühmte Réduit, das Réduit der Feigen, der Flüchtenden. Geh darauf zu, geh ruhig näher. Sieh, eine Menge Leute sind schon da. Ziemlich viele Leute. Sie stehen herum und haben Gläser in der Hand. Als würde eine Hochzeit stattfinden. Eine Hochzeit? Hier oben? Aber warum denn nicht. Auch Linke, Kommunarden und Kommunisten heiraten. Also, nur weiter. Und inmitten des kleinen Gedränges vor dem Haupthaus, da scheint der Bräutigam zu sein. Er hat ein Glas Rotwein in der Hand und er ist – alt. Sehr alt. So an die siebzig, und mit der weißen Mähne sieht er aus wie Albert Einstein. Seine Augen sind freundlich und klug und vom vielen Lesen von klein gedruckten Schriften in wuchtigen Büchern bereits etwas trüb. Diesen Mann kennst du doch, oder? Wie er heißt? Hast du vergessen. Und daneben steht seine Frau, die schon sehr lange seine Frau ist. Welch Zufall! Was sagst du nun? Ist das gut? Oder ist es schlecht? So ein Volksauflauf. Aber warum wunderst du dich? Es ist doch Wochenende.

Warum zögerst du, gehst nicht näher? Meldet sich deine Schüchternheit? Du brauchst ein Fläschchen, was! Nun, das wird heute nichts. Okay? Schleich dich an ihnen vorbei. Niemand wird dich bemerken. Die sind in Feierlaune. Die Gründereltern, Einstein und Frau, sind zu Besuch.

Frag einfach denjenigen, dem du dich am wenigsten unterlegen fühlst, nach dieser warmen, sexy Frauenstimme, die dich am Telefon aufgefordert hat, doch gleich herzukommen. Dieser Stimme wegen bist du ja hier. Oder fast. Das hättest du gerne, dass es nur die Stimme wäre. Aber es geht um einen Job. Um deine nähere Zukunft. Okay, der mit der Zukunft, das war jetzt ein Dreh zu viel. Deine Zuflucht. Wen kümmert deine Zukunft. Du bist auf der Flucht, vergiss das nicht. Das ist nichts Neues, alter Verräter. Du kannst nicht zurück. Na ja, können könntest du schon, aber du kannst nicht.

Schau, da ist schon einer, den du fragen kannst. Er steht abseits vom Pulk, lehnt an der Hauswand, raucht eine Filterlose und trinkt Bier aus einem Plastikbecher, den er in seinen großen Händen beinahe zerquetscht. Frag den. Oh! Er spricht nur Italienisch. Versuchs mit Französisch – er spricht kein Französisch. Warum eigentlich nicht? Vermutlich spricht er sechs Sprachen, aber keine mit dir. So wie du hier herumschleichst. So verklemmt. So verkatert. Irgendwie vermurkst. Sieh doch, wie locker die anderen sind, wie sie lachen und reden und trinken und rauchen, wie sie sich berühren. Diese fast schon förmliche Intimität. Das wird heute Nacht auf den Matratzen zur Sache gehen. Nein. Nicht für dich. Hör ihnen erst einmal zu, halt den Mund…

Die sexy Stimme war noch nicht da, wie ich erfuhr. Aber das mache nichts, sagte mir ein Typ in einem grauen Pullover mit zu langen Ärmeln, es sei gut, dass ich hier sei, und ich könne doch einfach mit den anderen mitarbeiten. Das, fand ich, war eine gute Idee, denn ich langweilte mich. Ich war durch die Räume gestrolcht und hatte mir alles angesehen. Mir war nichts Besonderes aufgefallen. Es war einfach ein Hüttenkomplex in den Bergen. Waschräume, Massenlager, Vorratskammer, Holzlager und das Allerwichtigste: die Küche und der Essraum. Im Schlafraum lagen eine Frau und ein Typ auf den Matratzen. Das Tageslicht schwand aus den kleinen Fenstern und ich erkannte nur ihre Konturen, die sich auflösten, wie ihre Flüsterstimmen sich auflösten, als sie mich bemerkten.

Am meisten los war in der Küche. Da war man zu zehnt, und man tauschte sich übers Gemüseputzen aus. Ich sah, wie ein Typ mit einem kleinen Rüstmesser Karotten zerteilte, die sein Nebenmann zuvor geschält hatte. Er setzte die Klinge auf den dicken orangen Leib der Möhre und drückte sie ruckartig hinunter. Es knackte, und knallte wenn das Messer auf dem wackligen Holzbrett auftraf. Die Möhrenscheiben rollten jedes Mal vom Brett und über den mächtigen Tisch, wo sie unter Lachen von den anderen Köchen gestoppt und an den Karottenhacker zurückbefördert wurden. Ich sah nur zu. Ich wusste nicht, was ich hätte tun sollen. Ihnen schien das Gemüseputzen Spaß zu machen. Auch die an der Spüle hatten Spaß, und auch diejenigen, die das gespülte Geschirr mit nassen Tüchern abrieben, schienen Freude an der Arbeit zu haben.

Je länger ich untätig herumstand, desto mehr löste auch ich mich auf. Kaum ein Blick, der mich mehr als nur streifte, wie einen Gegenstand, ein Werkzeug, einen Besen, der zurzeit gerade keinen Einsatz hatte. Es erschien mir lächerlich, wie sie arbeiteten. Sie waren Arbeitsamateure, Kopfarbeiter, denen diese stumpfe Arbeit Entspannung brachte. Für mich war Arbeit etwas, wofür man bezahlt wurde, etwas, das man schnell, gut und unter Vermeidung von Leerlauf hinter sich brachte. Und erst danach entspannte man sich.

Beim Nichtstun. Beim Trinken. Lesen. Filme ansehen. Beim Sex.

Ich ging wieder nach draußen und folgte dem Weg, so weit er noch vom Restlicht aus den Fenstern beleuchtet war. Der Himmel war zugezogen. Keine Sterne. Kein Mond. Der kalte Frühsommerwind rauschte in meinen Ohren. Die Dunkelheit auf der hüttenabgewandten Seite war total. So war das in Gegenden, in die kein Streulicht der Citys drang. Ich ging weiter, bis die Trasse nicht mehr auszumachen war und die Dunkelheit wie eine kühle Flüssigkeit alles umfloss. Dann stand ich einige Minuten bewegungslos in der Finsternis. Ich hörte von ferne die Geräusche aus den Hütten. Es klang nicht anheimelnd, sondern verletzlich und arglos, eine Existenz von Gnaden der Finsternis, die diese Geräusche und die Lichter jederzeit auslöschen konnte. So war das. – So war das.

Finsternis umgab uns. Hallo Friedrich, war das auch deine Erfahrung? Ich horchte in mich hinein, auf das Echo dieser Finsternis. Mein Herz pochte verkatert, jung und beinahe ohne Furcht.

Zwei Stunden später lag ich auf einer kojenartigen Pritsche in einem Vorraum, einem Bett, das vielleicht für Kinder gedacht war. Ein Kerl mit Kinnbärtchen, Randlosbrille und Berliner Akzent saß auf der Couch gegenüber, seinen Kulturbeutel in der Hand. Er wartete auf einen freien Platz im Waschraum.

Er blickte mich neugierig, aber cool an, wie ich mit angezogenen Beinen auf der Pritsche lag und – auch wartete. Auf das Ende der Nacht, auf das erste Tageslicht, mit dem ich wieder verschwinden würde.

„Du bist mal zur See gefahren, wa!“, sagte er.

„Wie kommst du darauf?“

„Na, dass es dir nichts ausmacht, in so nem kurzen Bett zu pennen.“

„Stimmt“, sagte ich, „ich bin Seemann.“

Dann ging die Tür zum Waschraum auf und eine Frau in einem langen, farblos gewaschenen T-Shirt kam heraus. Die Haut ihrer Beine war hell und schimmerte im gelben Licht wie kaltes Wachs.

„Jetzt ist frei“, sagte sie.

„Spitze“, sagte der Typ, „ganz große Klasse. Echt!“

Ich glaubte, diese warme, sexy Frauenstimme vernommen zu haben.

Aber das war vermutlich auch ein Irrtum.

SCHLANGEN

An jenem Tag, als ich Chiara mit den Bündeln übertraf, sahen Carlo und ich eine Schlange. Sie lag zusammengerollt im Schatten eines Felsens. Es war eine schwere Viper, bestimmt über einen Meter lang, und ihr verschlungener Körper war dick und muskulös, als hätte sie gestern eine Ratte gefressen.

Ich hatte nichts gegen Schlangen. Warum sollte ich? Ich hatte auch nichts gegen Vipern, nichts gegen tödliche, schwarz-gelbe Vipern, die einem gefährlich werden konnten, wenn man vor Sonnenaufgang nicht aufpasste und auf sie trat. Aber wenn die Sonne kam und ihr Blut warm wurde, verkrochen sie sich, wenn der Boden unter unseren schweren Arbeitsschuhen vibrierte. Und da wir unsere Arbeit erst nach Sonnenaufgang aufnahmen und es eine Weile dauerte, bis die Wärme der Sonne durch das dichte Unterholz gekommen war, bekamen wir selten eine Viper zu Gesicht, so selten wie vorbeiziehende Wildschweinrotten, die plötzlich aus dem Unterholz auftauchten wie struppige Schatten. Die machten mir mehr Sorgen als die Schlangen. Aber da mir die Vipern überhaupt keine Sorgen machten, waren die Sorgen wegen der Wildschweinrotten auch nicht groß.

Als Carlo die Schlange entdeckte, griff er gleich nach seinem Arbeitsmesser. Ich hatte auch so ein Messer. Wir alle hatten solche Messer, sie waren – wie die Alten raunend erzählten – aus den Raupengliedern von deutschen

Panzern geschmiedet. Unterarmlang waren sie, und zum Ende hin breiter werdend, liefen sie in kleine, hakenartige Krümmungen aus, mit der wir die Besensträucher schnitten. Aber davon wusste Carlo nichts. Nichts von den deutschen Panzern und auch nichts von Schlangen. Er wusste nur, dass in der Kühlbox in Chiaras Auto ein Set mit Spritze und Serum lag und dass man es injizieren musste, falls man Pech hatte. Wenn Carlo eine Schlange sah, dann dachte er an das Serum und daran, dass er sterben konnte, wenn er es nicht rechtzeitig bekam. Aber dass die Schlange ihn erst beißen musste, übersprang sein Hirn.

An diesem Morgen, als ich mehr Bündel schnitt als Chiara, erblickte er die schlafende Schlange, nachdem ich sie schon lange gesehen hatte. Er packte sein Messer, sein Kiefer sah ungesund und verkrampft aus, und alles, was es für ihn zu tun gab, war, sie in der Kühle des Morgens zu überraschen und mit einem schnellen Hieb zu zerhacken. So sah es Carlo, so hatte er es vor. Aber ich ließ ihn nicht. Ich hatte ihn nie gelassen und ich ließ ihn heute nicht, und er wusste, dass ich ihn nicht lassen würde, weil ich nicht wollte, dass er eine schlafende Schlange zerhackte, ja, ich wollte nicht einmal, dass er eine wache Schlange zerhackte, denn wozu war es gut, Schlangen zu zerhacken, Schlangen, auf die man nicht drauftrat, wenn man aufpasste.

Weil ich etwas gegen das Töten von Schlangen hatte, hielten mich einige Kollegen für weichherzig, um nicht zu sagen für ein Weichtier, aber sie staunten jeden Mittag, wenn die Bündel gezählt wurden und ich immer einige mehr geschnitten hatte als jeder von ihnen. Jeden Tag schaffte ich mehr als sie, und sie wunderten sich, dass einer, der nicht töten wollte, mehr arbeiten und am Abend mehr trinken konnte als sie, die doch gerne töteten und tranken.

Nur Chiara schnitt mehr Bündel als ich.

Es lag daran, dass sie die Gegend aus ihrer Kindheit kannte und wusste, wo die guten, gerade gewachsenen Erika-Büsche standen, und es lag daran, dass sie es schon eine ganze Weile machte, und es lag auch daran, dass sie mehr schneiden musste als wir, denn sie war unser Boss. Und der Boss musste einfach mehr schaffen als wir. So war das Gesetz. Ungeschrieben, aber von eiserner Gültigkeit.

Aber an diesem Tag, an dem wir die Schlange sahen und ich Carlo davon abhielt, sie zu töten, schaffte ich 27 Bündel und Chiara kam nur auf 26.

Beim Auszählen geschah etwas.

Chiara sah mich an, als wär das ein echtes Drama. Das Ende. Aber dann sah sie sofort weg, damit niemand bemerkte, wie sie mich angesehen hatte.

Danach war alles wieder so wie immer, nur anders.

Im Auto saß Chiara am Steuer und ich saß wie sonst neben ihr. Carlo und die beiden anderen lümmelten hinten auf der Bank und sahen aus wie verschwitzte Landstreicher. Niemand sagte etwas, niemand fluchte, als wir über die Schlaglöcher der Forststraße rumpelten. Da war klar, dass es nicht mehr so war wie immer. Sonst hatte immer einer gemeckert oder geknurrt und die beschissene Forststraße verflucht, aber nun umklammerten wir schweigend die Ränder der Sitze, damit unsere Köpfe nicht gegen das Dach knallten.

Am Ende des Forstwegs drückte Chiara das Gaspedal ganz nach unten, und ihre plötzliche Wut floß durch das nackte braune Bein in das Pedal, übertrug sich auf das Chassis wie elektrischer Strom, der die Luft glitzern ließ. Und so schaukelten wir uns auf die Landstraße und kurvten dann durch die Hügel. Wir sahen das Band des Asphalts im Petersiliengrün der Büsche mal von oben herab, dann wieder von unten herauf, und kein einziges

Auto kam uns entgegen und keines überholte uns. So war es jedes Mal. Und noch immer sagte niemand etwas, wir saßen da, wie erschöpfte Wanderer.

Es war kurz vor Mittag und der Himmel hoch, aber die Sonne war nicht groß und gleißend, sie war klein und böse und voller Hitzegift. Wir hatten die Fenster runtergekurbelt und die durchströmende Luft war warm und aromatisch und wehte in unsere Gesichter wie ein alter Fön, dem man einen Pinienzweig vor die Mündung hielt.

Chiara blickte mehr als einmal zu mir herüber, und als unsere Blicke sich trafen, wusste ich, dass ich es die ganze Zeit über darauf angelegt hatte. Mehr Bündel zu machen als sie. Ich wusste, wie sie sich jetzt fühlte. Eine entthronte Beauty Queen. Aber ich würde immer versuchen, mehr Bündel zu machen, ganz egal, wer der Boss war. Hätte ich ihr gerne gesagt. Es war nichts weiter. Ich wollte einfach jeden und jede schlagen. So einer war ich. Da war nichts zu machen. Chiara durfte der Boss sein, aber ich machte mehr Bündel. Jeder andere durfte der Boss sein, aber ich schaffte mehr. Damit mussten sie klarkommen.

Zoe saß im Schatten der Hausmauer neben dem Eingang zur Küche, der auch der Eingang zum Haus war, und las in einem Buch. Die Mittagshitze machte das Atmen schwer, und als ich zu der Stelle kam, wo man über die flirrende Ebene sehen konnte, blieb ich stehen und blickte auf das endlose Feld mit Sonnenblumen, wie sie mit letzter Kraft ihre schwarzen ölschweren Köpfe der Sonne feilboten, als wären sie Kinder mit altertümlichen gelben Hauben und niedergeschlagenem Blick.

Im verdorrten Gras neben der Mauer leuchtete eine große, weiße Scherbe. Ich hob sie auf. Es war das Randstück eines Tellers. Ich ging weiter, sah mich nach weiteren Scherben um, fand aber keine. Zoe hatte sie also alle zusammengesucht. Noch heute morgen bei Sonnenaufgang, als ich das Haus verlassen hatte, war der Hof damit gesprenkelt gewesen. Zerbrochene Teller, Tassen und eine Suppenschüssel mit fingerdickem Boden.

All die Dinge hatte Zoe gestern Nacht als Wurfgeschosse eingesetzt, damit hatte sie nach mir geworfen, genau von da aus, wo sie jetzt saß und in einem Buch las. Während ich die Treppe hinuntergegangen war, kamen die Teller und die Tassen geflogen. Ich hatte keine Eile, zeigte mich unbeeindruckt und hatte in mich hineingelacht, war aber doch darauf gefasst, dass mich eine Tasse erwischte. Für Teller oder gar die Suppenschüssel war ich schon zu weit entfernt, aber für einen Tassentreffer hätte es reichen können. Nur eine einzige Tasse schoss an meinem Kopf vorbei und machte dabei ein Geräusch wie ein Windstoß.

Ich mochte es, dass wir uns manchmal auf diese Art stritten, die Sache ruppig austrugen, und ich wusste, dass sich Zoe etwas darauf einbildete, denn sie hielt es für Temperament, wenn sie mit Geschirr nach mir warf. Ich hielt es für Theater. Grobes, solides Bauerntheater. Es passte wirklich gut in die Gegend.

Zoe ließ das Buch jetzt sinken und legte es aufgeschlagen in ihren Schoß. Auf den großen Steinstufen, die zur Küche führten, lagen auch keine Scherben mehr, nur winzige, scharfe Splitter und etwas weißes Porzellanmehl.

„Wir haben kein Geld mehr“, sagte Zoe.

„Haben wir noch Wein?“

„Hast du Geld?“

„Nein.“

„Warum hast du kein Geld? Ich verstehe das nicht.“

So hatte es gestern Nacht angefangen, und so ging es heute Mittag weiter.

„Das hab ich dir schon ein paar Mal erklärt."

„Ja, aber ich verstehs nicht."

„Wir kriegen Geld, wenn sie die Bündel abholen."

„Und wann holen sie die Bündel ab?"

„Weiß nicht. Morgen, übermorgen..."

„Was ist mit Chiara?"

„Was soll mit Chiara sein?"

„Sie ist die Chefin. Sie muss es wissen..."

„Sie weiß es aber nicht. Die kommen aus Napoli, um die Bündel zu holen. Dort läuft alles ein wenig anders..."

„Sie kann uns doch nicht ohne Geld lassen. Das geht nicht. Warum lässt du dir das gefallen?"

Nun war ich oben angekommen. Die kleine Katze mit der hässlichen schwarzweißen Fellzeichnung strich um meine Beine. Ich hatte sie Schneeflöckchen genannt. Als sie noch winzig war. Später hatte sie sich als maunzende Nervensäge erwiesen, und aus Schneeflöckchen wurde Schneeflückiger, und als auch das nichts änderte, nannte ich sie nur noch Flückiger. Flückiger strich um meine Beine und maunzte. Unter dem Fell konnte ich ihre dünnen Knochen fühlen, den Brustkorb, wo ihr haselnussgroßes Herz schlug.

„Sei still, Flocke!", sagte Zoe. Sie war noch nicht bei Flückiger angelangt. Aber Flocke-Flückiger dachte nicht daran.

Maunz, maunz, maunz.

„Du hast was mit ihr", sagte Zoe.

„Mit wem? Mit Flückiger?"

„Witzig! Du weißt genau, wen ich meine."

Ich wusste genau, wen sie meinte.

„Da waren wir gestern schon. Und jetzt müssen wir, obschon wir kein Geld haben, neues Geschirr kaufen."

„Du stehst auf sie."

Ich sagte nichts. Es führte zu nichts. Außer zu zerbrochenem Geschirr. Aber sie hatte recht.

„Du würdest gerne mit ihr ficken."

Ich schwieg. Flückiger nicht. Maunz, maunz.

„Ich geh duschen. Ich hab 27 Bündel geschnitten... Eins mehr als Chiara..."

„Umso mehr möchtest du gerne mit ihr ficken... Umso mehr... Und sie auch..."

„Stimmt", sagte ich.

„Drecksack! Scheißkerl!"

„Ich geh duschen."

Ich ging durch die Küche, die etwas kühler war, zog die Arbeitsschuhe aus und lief mit nackten schweißigen Füßen über die warmen Fliesen des Seitentrakts bis ans Ende, wo die Dusche war. Ich strippte aus den verschwitzen kurzen Hosen und dem morschen T-Shirt.

Zoe hatte recht. Ich würde gerne mit Chiara ficken. Was war dabei? Frauen konnten nicht verstehen, dass fast alle Männer mit allen Frauen auf der Welt ficken wollen. Aber da wir das nie sagen durften, waren wir gezwungen zu heucheln. Auch wenn wir die Frau liebten, mit der wir zusammen waren, ficken wollten wir mit allen.

Ich duschte lange, länger als sonst. Im Sommer war das Wasser knapp, aber mit den Extra-Litern feierte ich mein Extra-Bündel. Damit war auch das Bündelding weggespült. Weggespült und vergessen. Dachte ich.

Am Abend war ich unten bei der alten Scheune und sah mir die Bigelacci an, die ins Kraut schossen. Bigelacci nannten sie hier diese schnell wachsenden Bäume, deren Holz zu nichts zu gebrauchen war, da unter der harten glatten Rinde nur styroporartiges Mark war. Aber die Bäume, angeblich von GIs aus den USA eingeschleppt, wucherten überall und schneller als Unkraut und ihre Wurzeln sogen das Wasser aus dem Boden und sprengten die Hausmauern. Man konnte nichts gegen sie tun. Sie waren lebenszäh wie Schuppenflechte, und trotzdem hatte ich – auf der Fläche eines viertel Fußballfeldes – alle mit meinem Arbeitsmesser abgehackt und übergoss nun die Stümpfe mit Dieselöl. Einen Versuch war es wert.

Als ich zurück zum Haus ging, um neues Öl zu holen, sah ich unten an der Straße die Staubwolke. Ich blieb stehen, erkannte das Motorengeräusch, und bald danach vernahm ich das Schnalzen der Reifen auf der unbefestigten Zufahrt. Die Sonne stand noch hoch, aber aus der Ebene, den Feldern der ermatteten Sonnenblumen, kam der freundliche Abendwind zu uns herauf, und über der schnurgeraden Linie des Horizonts schwebten lila Wolkenschlieren. Aber dann brach rumpelnd Chiaras Ford aus der Zufahrt, und der aufgewirbelte Staub versaute mir die Aussicht. Aus den Augenwinkeln sah ich, dass Zoe oben auf der Treppe auftauchte.

Chiara fegte auf den Hof, holte aus und wendete in einem engen Bogen, alles in einem Schwung, ohne den Fuß vom Gas zu nehmen. Der Ford ging auf der Fahrerseite in die Knie, und man bekam eine Vorstellung der durchgerittenen Stoßdämpfer.

Chiara hielt eine halbe Armlänge von mir entfernt, und von oben kam Zoe und blinzelte in die Abendsonne. Sie sah aus, als hätte sie geschlafen. Sie gähnte provokant und machte ein gelangweiltes Gesicht. Chiara schenkte ihr einen Blick im Rückspiegel und ließ ihren nackten Arm aus dem Fenster baumeln.

Chiara sah jetzt nicht wie Chiara aus. Bei der Arbeit im Wald trug sie kurze derbe Khakihosen, schwere Arbeitsschuhe, eine verknotete Bluse, und die Haare zu einem

Pferdeschwanz gebunden. Aber nun sah sie aus wie eine dieser Etruskerfiguren, und mir fiel zum ersten Mal ihr geschwungener schlanker Hals auf. Der allein konnte einen fertig machen, aber sie trug auch noch ein dünnes rotes Baumwollkleid, das sie zum Fahren zwischen ihre Schenkel gedrückt hatte und das nun die Wölbung ihres Venushügels nachzeichnete. Ich hatte die Ölkanne in der Hand und wusste nicht, was ich tun sollte.

„Ich bin oben bei Ruggero und Alma, wir essen etwas und trinken Wein. Komm doch auch…"

Sie sagte nicht „kommt". Sie sagte „komm" und Zoe hatte es gehört.

„Hast du Geld?", sagte Zoe.

„Ich habe Geld", sagte Chiara mit einem kühlen Lächeln, legte einen Gang ein, trat das Pedal durch und jagte in den Bigelacci-Rain. Einige Sekunden später hörten wir, wie sie schaltete und vorne auf der ansteigenden Kiesstraße die Räder durchdrehen ließ.

„Siehst du", sagte ich, „sie hat Geld."

„Ja. Und sie hat auch noch was anderes."

Ich fragte nicht was. Ich wusste es.

Ich hatte nicht das Geringste gegen Vipern.

SCHULD

Am Sonntagmorgen war es immer still hier, nicht stiller als sonst, aber die Stille hat eine andere Farbe und einen anderen Klang, sie war licht und blau und ihr Sound war locker und kühl, wie gute Manieren. Und ich hatte sie immer für mich allein.

Ich hatte sie an diesem Sonntagmorgen schon eine Weile für mich allein gehabt, als ich in der Ebene die Staubwolke entdeckte, die sein Cinquecento angeberisch erschuf, ein ödes Gewirbel aus trockener Erde, das sich dann als grauer Film auf die Blätter der Büsche legen würde.

Das war es, was von ihm bleiben wird, ein Staubfilm auf den Blättern am Straßenrand. Immerhin bis zum nächsten Wolkenbruch, der vielleicht erst in zwei, drei Monaten fällig war. Und mehr hatte er auch nicht verdient. Keiner von uns verdiente mehr, und mehr würden wir auch nicht bekommen.

Ich hatte keine Lust, ihn zu sehen. Nicht an einem Sonntagmorgen. Ich verstand sein Italienisch kaum, diese verschliffenen Wortbrocken, die aus ihm herausfielen wie Giraffenbabys aus dem Muttertier. Ich hatte schon Mühe, die Einheimischen zu verstehen. Es gab unter meinen Bekannten welche die meinten, ich hätte überhaupt Mühe, irgendwen zu verstehen, aber damit lagen sie falsch. Es war nur so, dass die Mitmenschen immer etwas wollten. Ich mochte lieber Menschen, die nichts wollten, die einfach da waren und ihr Ding machten, aber diese Menschen lebten nicht hier. Es gab sie, ganz bestimmt, aber sie waren woanders – niemals hier.

Ich stellte mich in die offene Tür, damit er mich sehen konnte, denn wenn er mich nicht sehen konnte, würde er mit seiner Geröllhaldenstimme nach mir rufen und der Rest meines Wohlgefühls wäre endgültig dahin.

Und da war er schon. Piero.

Der kleine Piero mit seinem kachelblauen Cinquecento, in dem es nach Schaf roch, wie es überall in Pieros Nähe nach Schaf roch, und auch alles, was er anfasste, roch nach Schaf, die Kleider die er trug, die Schuhe an seinen niedlichen Füßen, das Rasierwasser, das er benutzte, und auch sein Taschenmesser, mit dem er Käselaibe zerteilte und, wenn die Zeit gekommen war, auch die Kehlen von Schafen durchtrennte, roch nach Schaf. Aber wie hätte all das nicht nach Schaf riechen sollen, denn Piero war Schafhirte.

Er stand nun, halb verdeckt von der Autotür, im trockenen Hofgras und winkte. Sein Winken bedeutete, dass ich zu ihm runterkommen sollte, sein Winken war herrisch und duldete keinen Widerspruch, seinem Winken war unverzüglich Folge zu leisten, denn dieses Winken bedeutete, dass etwas Großartiges geschehen würde, wenn ich nur die Steintreppe hinunter zu seiner kachelblauen Spraydose stiege.

Er erwartete mich vor dem Kofferraum. Er verharrte provozierend reglos, bis ich ganz heran war, erst dann entriegelte er den Kofferraumdeckel und ließ ihn hochschnellen. Ich war auf alles gefasst, ich meine, auf alles zwischen einer männlichen Leiche und einem Erstkommunionskleid, einem überfahrenen Stachelschwein und einem wuchtigen Ziegel Schafskäse.

Ich lag mit meiner Vermutung so dazwischen.

In einem blauen Plastikbecken lagen zwei Schafsköpfe in Pfützen aus wässrigem Blut. Sie lagen da, als würden ihre abwesenden Körper fröhlich kopulieren oder friedlich im Weidebett Löffelchen machen. Die Köpfe waren nackt und gelb, da er sie vollständig gehäutet hatte, und die kleinen Zähne waren zu einem Grinsen erstarrt, als könnten sich die Köpfe noch an die Kopulation erinnern.

Piero sah mich von der Seite her an. Ich konnte seinen Stolz körperlich fühlen, seinen verdammten Sardenstolz, mir nichts schuldig zu bleiben, mich mit den Dingen zu versorgen, die er eben zu geben hatte. Fleisch und Käse vom Schaf.

Eins der Probleme war, dass ich mit dem, was Schafe zu geben hatten, nichts anfangen konnte, mehr noch, ich verabscheute Schafe gleich einem texanischen Rinderbaron. Schafe! Ihre Wolle kratzte, ihr Fleisch ranzte und ihr Käse ebenso. Und aus meiner Zeit als Rinderhirte wusste ich, dass Schafe Zaunkiller waren, dass sie das Gras mitsamt den Wurzeln abweideten und dass dort, wo sie gegrast hatten, die Rinder nicht mehr fressen wollten. Das alles war ein Problem, ein Problem, das genau genommen ein Dilemma war, denn Piero durfte niemals erfahren, dass es sich bei mir um eine Art Schafphobiker handelte, denn Piero stand in meiner Schuld und das war zu hundert Prozent meine Schuld, denn ich hatte es zugelassen, dass er mir etwas schuldete.

Ich hatte ihm, in argloser Großzügigkeit – die eigentlich keine war, denn sie kostete mich nichts –, aus einer misslichen Lage geholfen. Es war meiner Meinung nach nicht der Rede wert, aber als Sarde sah er das anders.

Und er hatte recht. Nicht nur als Sarde, sondern auch als professioneller Schafhirte und als Mann von Ehre. Ich hatte ihm nicht gerade das Leben gerettet. Aber irgendwie doch.

Denn Piero zog mit seiner Schafherde über die brachen Grünflächen zwischen den riesigen Sonnenblumenfeldern der Ebene. Aber auch wenn seine Schafe mit dem Abweiden der Brachen Gutes taten – Sarden, so erfuhr ich von den Taugenichtsen, mit denen ich meine Zeit vertrödelte, waren unter den Landsleuten vom „Kontinent" nicht beliebt. Nach einem Streit um Geld hatte ihn sein Logisgeber aus dem kleinen gemieteten Häuschen geworfen, und, was weit schwerer wog, der Padrone hatte ihm damit auch die Scheune, die Unterkunft der Tiere, entzogen. Nun waren Pieros Schafe des Nachts schutzlos. Piero war nicht groß, und er hätte im seinem Cinquecento schlafen können. So er hätte schlafen können, was er nicht konnte, denn er musste auf seine Schafe aufpassen, die er nun nicht mehr in der Scheune einschließen konnte.

Nach drei durchwachten Nächten war er auf das Anwesen gefahren, um mit mir zu sprechen. Ich schätze, er hielt mich für so was wie den Padrone. Meine Freunde, denen die Sache hier gehörte, waren gerade für längere Zeit unterwegs. Piero und ich kannten uns flüchtig aus der Dorfbar, wo er manchmal allein an einem Tisch saß und Milchkaffee schlückelte, während ich mit meinen Bekannten bei Bier und Brandy hockte.

Er hatte mir damals sein Problem umständlich und schamhaft geschildert, und ich hatte ihm sogleich die verfallende Scheune neben der Einfahrt angeboten.

Er war von meiner schnellen Zusage mehr geschockt als erfreut – und beschämt. Ich merkte, dass es ihm lieber gewesen wäre, wenn ich mich wie ein italienischer Padrone gesträubt, wenn ich gefeilscht und – meinetwegen auch – geschimpft hätte. Erst später ging mir auf, dass er bei den Leuten, womit auch immer, meist auf Widerstand, Ablehnung und Verachtung stieß und es so gewohnt war. Damit hatte er zu leben gelernt, darauf hatte er sich in all der Zeit, die er auf dem Festland war, eingestellt. Nicht eingestellt war er aber darauf, dass ihn einer, der allem Anschein nach zu den Besitzenden gehörte, als seinesgleichen behandelte.

Und nun stand er in meiner Schuld. Diese Schuld musste getilgt werden, und Piero tilgte diese Schuld mit dem, was er hatte: viel Zeit, Fahrten mit dem Cinquecento, Schafskäse und Fleisch von Schafen.

Die Sache lief darauf hinaus, dass er nun sehr oft in meiner Nähe auftauchte. Sei es, wenn er abends die Schafe in die Scheune trieb und ihnen mit seinen knotigen, felsharten Händen die dicke, stinkende Milch aus den Strichen drückte, sei es, wenn er in die Küche kam, um sein Käsegeschirr zu waschen, oder wenn wir uns in der Dorfbar begegneten. Immer war er begierig zu erfahren, was mir gerade fehlte, was ich vorhatte. Wenn ich unvorsichtigerweise andeutete, dass ich beabsichtigte, in der Stadt einen Einkauf zu machen, so kannte er kein Pardon und hängte sich so lange an mich, bis ich mich in seiner schafduftgetränkten Spraydose wiederfand. Und während ich die ganze Fahrt über eine Position einzunehmen versuchte, die meine Kniescheiben nicht am Handschuhfach zerrieb, redete er auf mich ein, stolz, den Chauffeur zu spielen, und glücklich, auch jemanden zum Reden zu haben, denn Piero war Hirte, und Hirten waren einsame Männer, und einsame Männer sprachen entweder gar nicht oder sie redeten zu viel.

Allmählich ging mir auf, was für eine gewaltige Last diese Schuld für ihn und sein Verständnis von Ehre war. Ich machte gar nicht erst den Versuch, meine vermeintliche Großzügigkeit kleinzureden, denn das hatte für ihn keine Bedeutung. Ihm ging es ausschließlich um ihn und um seine Ehre. Meine Sicht der Dinge war ihm egal, wie das

Blöken eines Schafs, das sich seinem harten Melkgriff zu entwinden suchte. Ich konnte nicht abschätzen, wie weit seine Tilgungsversuche gehen würden, wo die Grenze seiner Dienstbarkeit lag.

Einmal, nach einem harmlosen Streit mit einem der Taugenichtse, war ich versucht, Piero davon zu berichten. Aber ich ließ es bleiben. Zweimal war ich dabei gewesen, wie er eines seiner Schafe geschlachtet hatte. Getötet hatte er es, indem er den seltsam formlosen Woll-Leib des Schafs zwischen die Beine klemmte, Hals und Kopf in eine senkrechte Linie brachte und dem Tier mit einem geschmeidig schnellen Schächtschnitt seines wunderbar scharfen Taschenmessers den Hals bis zu den Wirbeln durchtrennte. Irgendwie brachte mein Hirn dieses Bild in Zusammenhang mit dem Kerl, mit dem ich, wegen einer nichtigen Angelegenheit, Ärger hatte. Besser nichts sagen.

Und jetzt, heute, an diesem stillen Sonntagmorgen, die beiden nackten, geschälten, toten Schafsköpfe. Wo war der Rest? Ich fragte nicht. Dass er mir nur die Köpfe brachte, könnte ein Zeichen sein, dass die Schuldentilgung sich dem Ende näherte.

Aber was wusste ich schon. War es denn nicht möglich, dass gerade die Köpfe der Schafe, die Wangen, das Muskelfleisch des Halses, das Gehirn und die Zunge, zu den Delikatessen zählten, von denen ich nichts wusste?

Ich nahm die Köpfe also an mich und trug sie hinauf in die Küche.

Im Laufe des Morgens trudelten nach und nach die Taugenichtse ein und begutachteten die Köpfe im Plastikbecken. Piero war nicht mehr da, er hatte sich gleich nach der Übergabe verabschiedet. Ein Hirte hat auch am Sonntag zu tun.

Die Taugenichtse bestanden darauf, dass ich ihnen die Hirne, in Mehl gewendet und mit Salbeiblättern bekränzt, in Olivenöl herausfrittierte. Was für ein Gedanke! Schafhirn? „Cervello! Yammi, yammi!", sagten sie.

„Okay", sagte ich.

Ich war neugierig. Ich holte mein großes Arbeitsmesser und trieb die Klinge in die Knochennaht, die durch die Mitte des Schädels verlief, und hebelte die Hirnschale auf. Da war es. Das Gehirn. In seiner bekannten Glibberexistenz, von der Farbe angegilbten Papiers und der glitschigen Konsistenz eines Puddings. Da lag es, dieses weiche, feuchte und glänzende Ding, das die Tiere all das machen ließ, was sie machten. Es hatte die Größe eines fetten Katzenschisses.

Die vier Kopfhälften mit Halsansatz wurden mit Salz, Pfeffer und Olivenöl eingerieben und kamen zusammen mit Rosmarinzweigen bei niedriger Temperatur ins Rohr. Zu Mittag trug ich die frittierten Hirne und die geschmorten Kopfhälften zu dem Tisch im Schatten des Sonnensegels und sah den Taugenichtsen zu, wie sie alles schnell und gründlich verputzten.

„Und du willst nichts davon?", sagte einer, während er sich Weißwein ins Glas goß.

„Nein", sagte ich. „Ich will nichts davon. Ich habs gekocht. Das reicht."

Aber Pieros Schuld war mit den beiden Schafsköpfen noch nicht getilgt, wie ich zwei Stunden später erfuhr. Wir stießen auf ihn, als wir für Kaffee und Absacker in der Dorfbar auftauchten.

Piero ließ es sich nicht nehmen, mir die Brandys zu zahlen. Gut, sagte ich zu mir selber, jetzt wollen wir mal sehen. Und ich orderte einen Brandy nach dem anderen. Ich leerte die ganze Flasche. Und Piero zahlte. Er saß am Nebentisch mit seinen süßen Milchkaffees, sah uns zu und winkte nach jedem Brandy die Kellnerin heran, um ihn gleich zu bezahlen. Keine Schulden, auch hier.

Als wir gingen, saß er immer noch an seinem Tisch und lächelte.

Drei Stunden später hatte ich einen schweren Motorradunfall.

Piero, der sardische Schafhirte, ist am nächsten Tag mit seiner Herde weitergezogen. Er wusste nichts von dem Unfall. Dann, zwei Tage später gab es einen Wolkenbruch, und alle Blätter am Straßenrand waren wieder grün und ohne jeden Staub.

PILGER

Als sie kamen, war ich vorbereitet, saß aufrecht auf der Bank, die Tasche auf den Knien, beinahe ein Lächeln im Gesicht, jedenfalls blickte ich ihnen direkt in ihre Kontrolleurvisagen, damit sie nicht auf falsche Gedanken kamen und mich denjenigen zurechneten, die auf dem Boden schliefen, zu diesen Anfängern, Vollstümpern und Ahnungslosen, die nicht wussten, dass sie jede Nacht kamen und die Wartesäle kontrollierten und von jenen, die am Boden lagen und schliefen, die Fahrscheine verlangten, nachdem sie sie mit Tritten in die Seite aufgeweckt hatten.

Die Kunst war, rechtzeitig aufzuwachen und den Kopf von den auf der Tasche verschränkten Armen zu heben. Man durfte auf keinen Fall auf dem Boden liegen, und man durfte nicht schlafen. Man durfte nur schlafen, wenn man eine Fahrkarte besaß. In diesem Fall durfte man nach Herzenslust schlafen, auch wenn man sich auf den Boden legte. Aber niemand mit einer Fahrkarte legte sich auf den Boden. Das wussten die gewienerten Stiefel der Bahnpolizei.

Als die Bahnbullen mit dem kleinen Trupp der Ertappten den Wartesaal verlassen hatten, versuchte ich es noch einmal mit Schlaf, aber es ging nicht. Der Hunger. Er war ein kleines, wütendes Tier, das gurgelnd und rumorend in meinem Gedärm rauf und runter tobte. So fühlte es sich an. Der Scheißhunger. Zuletzt hatte ich vor drei Tagen etwas gegessen. An einem Fest der Kommunistischen Partei, in das ich zufällig geraten war. Irgendjemand hatte einen Teller Spaghetti Carbonara vor mich hingestellt. Oder ich hatte mich vor einen ledigen Teller gesetzt. Was weiß ich. Drei Tage war das her. Ich besaß noch eineinhalb Schachteln Zigaretten und eine Flasche mit gechlortem Wasser. Und ich hatte noch etwa 1200 Kilometer vor mir.

Den ganzen Tag hatte ich versucht, eine Mitfahrgelegenheit zu bekommen, den ganzen Tag den Daumen ausgelüftet, draußen vor der Stadt, unter der tiefen Oktobersonne, die klein und böse ihren Lichtbogen in den harten blauen Himmel schweißte. Keiner hatte angehalten. Nicht einer. Zum Verzweifeln.

Gegen Abend hatte ich den Bus in die Stadt genommen und war Stunden durch die Straßen gestrichen, entlang der Auslagen der Restaurants, der Bäckereien, der Metzgereien, der Vinotheken, wie damals in Paris, als ich mit dem Buch eines österreichischen Schriftstellers in der Sakkotasche genau auf diesen österreichischen Schriftsteller traf.

Er war aus einem Kino gekommen, am frühen Nachmittag, und ich war ihm durch die Gassen des Quartier Latin gefolgt, bis er ein Restaurant betreten hatte. Da war er weg. Aber ich konnte durch das Fenster sehen, wie er von einem Kellner zu einem Tisch geleitet wurde, sah, wie er sich setzte, die Brille abnahm und mit einem Zipfel des weißen Tischtuchs die Gläser reinigte. Dann verschwand sein langhaariger Kopf hinter der großen Speisekarte. Das erschien mir damals unwirklich – märchenhaft. Sein Buch in der Tasche, traf ich auf ihn, hier, in dieser Stadt, von der das Buch handelte. Aber wunderbarer als alles andere, auch als das Buch, erschien mir, dass er Schriftsteller war und einfach in ein Restaurant gehen konnte, um am frühen Nachmittag zu speisen. Das war unerhört! Er musste der reichste Mann der Welt sein. Der Glücklichste von allen. Von den Göttern verhätschelt. Er war frei, frei, frei.

Er musste seinen Blick nicht auf die rechte Seite der Speisekarte heften, dorthin, wo die Preise standen und wo mein Blick immer hängen blieb, wo mir gesagt wurde, was ich bestellen konnte und was nicht. Dieser Schriftsteller war der freiste Mensch der Welt. Und während ich hungrig durch das große Fenster auf den Mann blickte, wurde mir klar, dass ich nicht so frei war, wie ich gedacht hatte. Frei war man nur, wenn man Geld hatte. Freiheit ohne Geld war keine Freiheit.

Und als ich hier, in dieser Stadt, durch die Straßen streifte, wieder ohne Geld und hungrig und ohne Idee, wo ich die Nacht verbringen sollte, dachte ich an diesen Schriftsteller, damals in Paris, wie er die Speisekarte studierte. Ich versuchte ihn zu hassen, nur so zum Zeitvertreib und um den Hunger zu besänftigen, aber es gelang mir nicht. Denn man kann die Wahrheit nicht hassen, nicht, wenn man noch nicht ganz verblödet ist.

Am frühen Morgen bestieg ich wieder den Bus zum Stadtrand, zusammen mit den Frauen, die in irgendeine Fabrik zur Arbeit fuhren. Diese Busse gab es beinahe überall, und sie waren mir seit langem vertraut, die Busse und ihr schaukelndes Elend, und ich kannte auch die dünnen Lohntüten, die einmal im Monat mit ihnen transportiert wurden. Aber hier rochen sie anders, die Busse, die Frauen, die Straßen, und selbst die Abgase der Autos rochen anders, und das Schicksal der Arbeiterinnen schien mir weniger hart, hier im Süden, was natürlich romantischer Bullshit war, aber manchmal mochte ich romantischen Bullshit, vor allem, wenn der Hunger mich quälte.

Ich stellte mich wieder an den Platz vor der Autobahneinfahrt, hielt den Daumen raus und hoffte.

Gegen Mittag scherte ein verbeulter, beiger Mercedes 220 aus und hielt an.

Nach einer gewissen Standzeit steigt man in jedes Gefährt. Egal was, egal wohin. In einen Schweinetransporter genauso wie in ein Auto voller betrunkener Holiduliüs, die auch noch in die Gegenrichtung fahren. Oder eben in einen Mercedes, dessen Fahrer von irgendwas zugedröhnt Richtung Norden fuhr.

Dieser Typ war so überdreht und übernächtigt, wie ich hungrig war, und ich beschloss ihn zu unterhalten, damit er nicht wegnickte, und so erzählte ich ihm, wie man mich vor ein paar Tagen aus dem Haus warf, in dem ich ein paar Monate gelebt hatte, und verschwieg dabei nicht, dass es zu Recht geschehen war. Vielleicht sogar zu meinem Glück. Es konnte sein, dass auf diese Weise meine Seele gerettet wurde, denn daraufhin – das erzählte ich ihm ebenfalls – hatte ich die Hügel des Chianti durchwandert, ohne Geld, ohne Essen, nur mit Zigaretten und gechlortem Wasser – eine verdammte Passion, eine Art Jakobsweg, nur für mich allein. Ich war nicht nur tagsüber, sondern auch in den kühlen Nächten gewandert und hatte mich erst in der Morgendämmerung auf den weichen Boden unter Bäumen gelegt, damit die aufgehende Sonne meine verkürzten Muskeln wärmen konnte. Dann schlief ich an der Wärme der Herbstsonne in den Vormittag hinein und ging dann weiter. Hügel rauf, Hügel runter. Die Straße kam nie bei den Hügelkuppen an, denn auf den Hügelkuppen hockten die Fattorie, die Anwesen der Weinbarone, die Zufahrtsstraßen von Zypressen gesäumt. Sonst war hier alles Wein, Wein und nochmals Wein. Bis auf das, was in meiner Trinkflasche war. Das war nur schlimm.

Dass ich die Wanderung durchgestanden hatte, brachte keine Läuterung, aber zumindest hielt es die Schmach in

Schach, die ich wegen des Rauswurfs empfand. Das erzählte ich dem Fahrer nicht, denn er sah aus wie ein Bruder von Rod Stewart und schien kein Wort zu verstehen. Er war mehr so Rock'n'Roll, und der Pilger-Blues war ihm so fremd wie eine Fahrt mit dem Bus zu den Montagebändern einer Fabrik. Zu essen hatte er nichts. Aber er bot mir einen Joint an, den ich mit einem Lächeln ablehnte, denn nur ein Verrückter würde nach drei Tagen Hungerschieben einen Joint rauchen. Der letzte Nagel in den Sargdeckel. Grundgütiger! Jetzt auf den Fresstrip kommen!

Auch der Maserati-Fahrer, der mich eine Weile später einsteigen ließ, hatte nichts zu essen, aber prächtige Lederhandschuhe mit faszinierenden, herausgestanzten Löchern darin, solche, die man auf alten Omega-Uhren-Werbungen sehen konnte. Damals. Vor hundert Jahren. Ich konnte meine Augen davon nicht abwenden, und er grinste alle naslang zu mir hinüber und fegte mit 220 km/h auf der dritten Spur dahin und hupte die Konkurrenz zurück in die zweite Spur. Im Vorbeiziehen wirkte sie wie eine stehende Kolonne. Sehr schön. Aber eben, nichts zu essen.

Das änderte sich erst, als ich die Autobahn verließ und auf eine Country Road geriet. Vielleicht aus Versehen, vielleicht aus Instinkt.

Es war bereits Nacht, als ich mich in einer Pizzeria wiederfand, vor einer betäubend nach Champignons und Artischocken und Schinken duftenden Calzone, mit kleinen verbrannten Stellen auf dem Teig, und der süße Geruch nach Hefe löste einen Speichelfluß aus, den ich nur mit Mühe im Mund behalten konnte.

Ich weiß nicht mehr, ob mir das alles bekommen ist. Ich wünsche es mir. Allein schon wegen der Güte und

Anständigkeit eines Country-Road-Fahrers, der nach meiner Geschichte gleich die nächste Pizzeria angesteuert hatte. Aber ich glaube nicht, dass es gut ausgegangen ist. Nach drei Tagen Hunger sollte man keine Pizza essen, sondern mit einer Einlaufsuppe beginnen, das wusste ich, das kannte ich aus Erfahrung, aber irgendwie wollte ich den großzügigen Mann nicht enttäuschen, denn er saß mir gegenüber und blickte mich erwartungsvoll an, während ich große Stücke von der Calzone schnitt. So erwartungsvoll war sein Blick, als müsse nun etwas mit mir geschehen, etwas in der Art einer Metamorphose, die eine Made in einen Schmetterling verwandelte, aber es war, so denke ich, eher umgekehrt. Aus dem leichten, halbverhungerten Schmetterling wurde eine satte Made mit Verdauungsbeschwerden und dem Gefühl, einen Klumpen Lehm verspeist zu haben. Oh ja. Welche Enttäuschung ich schon wieder war.

Und dann war ich plötzlich in Como.

Gerade eben war ich noch in Bergamo gewesen. Bergamo war schroff und hart und roch nach Schnee, die Weichheit und der Duft des Südens waren verweht. Zurückgeblieben war nur dieser Lehmziegel in meinem Magen und das Sodbrennen und die Dankbarkeit für diesen Lehmziegel. Und auch für das Sodbrennen. Aber Como war wieder weich und südlich, wie schmeichelndes Süßwasser.

Aber es war eine trügerische Weichheit.

Unten am See, auf einem Platz, wurde ein Jazzkonzert gegeben, und ich stand in der Menge, müde und unwillig, dem satten Sound von satten Männern für satte Menschen in einer satten Stadt zu lauschen. Aber dann geschah etwas Unheimliches.

Die Band hörte auf zu spielen und die Musiker gingen sehr rasch mit ihren Instrumenten von der Bühne, und noch während sie gingen, hatte sich das Publikum zerstreut, und ich sehe noch, wie eine Frau und ein Mann schnell auf der Uferpromenade dahineilten und zwischen den Kastanien verschwanden. Als ich mich umdrehte und wieder der Bühne zuwandte, war niemand mehr zu sehen, weder die Musiker, die gerade noch ihr Equipment zusammengesucht hatten, noch einer aus den hundert Zuschauern.

Dann, auf einen Schlag – ich meine eine Art Glockenschlag vernommen zu haben – ging das Licht aus, als hätte jemand den Hauptschalter der Stadt umgelegt. Die Promenade lag nun im Dunkeln, und der See glänzte schwarz und melancholisch zwischen den verschwindenden Konturen der Berge, und es war nirgendwo mehr ein Licht zu sehen, kein Mensch mehr, kein Auto, kein Fahrrad, nichts. Ich stand da und begriff – nichts. Ich fühlte eine Art Gruseln, es lag etwas in der Luft, ausgelöst durch einen Befehl oder ein Gesetz, dem die Bewohner der Stadt zu gehorchen hatten, eine Ausgangssperre, als hätten sich alle nach 21 Uhr in ihren Heimen einzufinden, so fühlte es sich an, und es sah danach aus, als wäre ich der Einzige, der davon keine Kenntnis hatte.

Ein dunkler Kombi kam aus der Dunkelheit der unbeleuchteten Straße und fuhr langsam die Promenade hinunter. „Vigilanza" las ich auf Kotflügel und Türen, und nun wurde mir mulmig zumute, und ich fühlte mich ausgestellt und nackt, und das Gefühl, ein Unerwünschter zu sein, sank in mich ein und wandelte sich in eine peinliche, kleine Angst.

Ich brauchte einen Platz zum Schlafen. Immer brauchte man einen Platz zum Schlafen, jeden Tag diese Schlafplatzfrage. Sie bildet das Zentrum im Leben des mittellosen

Pilgers, und dieses Zentrum forderte immer mehr Raum, je weiter das Jahr voranschritt und je weiter sich der Pilger nach Norden bewegte. Wo schlafen?

Ich schlug mich seitwärts in die Büsche. Ein Park am See. Ich hatte noch keinen Platz gewählt, als schon einer der Vigilanza auftauchte. Ich saß auf einer Bank am Ufer, und er baute sich schräg hinter mir auf, schweigend und groß, und ich sah sein kantiges Gesicht im Schein seines Feuerzeugs, als er sich eine Zigarette anzündete. Kein Wort. Es war still, kein Plätschern des Sees, kein Wind versuchte etwas, und Como lag leicht und hassenswert in der Dunkelheit, und ich blickte auf den See hinaus, der mit der Nacht verschmolz, und wehrte mich gegen den einen Gedanken, der sich nur noch schwer unterdrücken ließ.

Ein großer Hund kam nun aus der Dunkelheit, ein bulliger, stummer Schatten, der am Ufergeländer entlangstrich. In meinem Rücken fühlte ich die Anwesenheit des Vigilanza-Typen, und je länger ich dasaß, um so deutlicher konnte ich lesen, was er mir per Telepathie übermittelte: Hau ab, Pilger. Verschwinde. Du bist hier nicht erwünscht.

Das tat ich nach einer Weile, nahm meine Tasche und folgte einem Weg durch einen winzigen Park, bis ich auf eine Straße kam.

Dann war ich allein.

Ich geriet in eine Villengegend. Nirgendwo eine freie Ecke. Schmiedeeiserene meterhohe Zäune entlang der Straße und dahinter, bewacht vom Schatten alter großer Bäume, waren die Villen, die man nicht sehen konnte, denn nirgendwo brannte ein Licht, aber sie waren da, diese Villen, ich konnte sie fühlen, und manchmal hob sich der spitze Giebel einer Lukarne oder ein Dachtürmchen vom Nachthimmel ab.

Ich ging durch diese feindliche Ruhe und hörte meine Schritte, die sich laut und fremd anhörten, und je länger ich ging, um so fremder wurden sie mir, bis sie in meinen Ohren dröhnten und ich sie dafür zu hassen begann und wünschte, ich könnte das Geräusch ausschalten.

Ich war nicht mehr müde. Ich war voller Adrenalin, ich spürte Gefahr.

Scheinwerfer tasteten sich durch die Dunkelheit, und in ihrem Schein tauchten hinter den hohen Gittern Baumstämme auf, eine Geisterarmee, und dann rollte der Vigilanza-Kombi an mir vorbei. Ich erhaschte einen Blick ins Innere. Eine konturlose, wuchtige Masse. Es war nicht auszumachen, wie viele Männer in dem Auto waren.

Weiter geschah nichts.

Einige Minuten später vernahm ich das helle Geräusch von Krallen auf dem Asphalt, und als ich mich umwandte, sah ich den bulligen Hund, der hinter mir herlief und die Mauern beschnüffelte. Und noch während ich über all das Unheimliche nachdachte, war das Krallengeräusch nicht mehr hinter mir und der Hund verschwunden. Aber der Vigilanza-Kombi erwartete mich in der nächsten Ausweichbucht. Lichtlos, stumm, lauernd. Als ich vorbeiging, konnte ich spüren, wie mächtig und schwer sein Inneres war, und mir dämmerte, was für ein Spiel sie mit mir spielten.

Nun war ich kein Pilger mehr. Ich war ein Flüchtling.

Nach einer Stunde erblickte ich die Lichter des Grenzpostens, die Straße wurde breiter, weitete sich zu einem Platz, auf dessen Grund die Zollwache in die Nacht leuchtete. Niemals, niemals, niemals wäre es mir in den Sinn gekommen, dass einmal die Lichter eines Zollhäuschens ein Gefühl der Erleichterung in mir auslösen würden. Nie.

Aber nun taten sie es. Eine Last fiel von mir ab, die Angst und die hässliche Panik und dieses Flüchtlingsgefühl wich einer Euphorie, für die ich mich ein wenig schämte, denn ich wusste, für einen wirklichen Flüchtling hätte dieses Zollhäuschen nur das nächste – vielleicht unüberwindbare – Hindernis dargestellt.

Vor einem beleuchteten Laden saßen ein paar Typen auf den Stufen. Ich ging an ihnen vorbei, und dann sah ich aus den Augenwinkeln, wie der Vigilanza-Kombi heranschlich und wie er bei den Typen anhielt. Ich wandte mich um. Die Vigilanza-Typen stiegen alle aus. Es waren drei, und ich hörte ihr Lachen und ihre Stimmen, und dann fielen die Typen, die schon dort saßen, in das Lachen mit ein, und alle blickten in meine Richtung und lachten noch lauter, als wollten sie unbedingt, dass ich es auch hörte, und dieses Lachen vernichtete meine Euphorie, schmolz sie ein zu einem harten Klumpen müder Demütigung. Ja. Zuerst aus dem Haus, dann aus der Stadt und zuletzt aus dem Land gejagt.

Es war halb 4 Uhr morgens, als ich auf der Schweizer Seite des Zolls ankam. Ich hatte noch immer meine beige Reisetasche bei mir, eine einfache Reisetasche ohne Tragegurt, mithin etwa das Dümmste, das man sich für einen Trip, wie ich ihn hinter mir hatte, aussuchen konnte. Aber ich hatte schon immer ein Taschenproblem gehabt. Weil ich insgeheim jede Tasche ablehne. Sie ist Ballast. Der echte Pilger hat Messer, Pass und Geld. Mehr braucht er nicht. Aber, so schien es, bei mir war die Tasche der Ersatz für Geld.

Der Zöllner blickte auf meine Identitätskarte und bat mich, die Tasche zu öffnen, und fragte gleichzeitig, was drin sei.

„Solo vestiti“, sagte ich. „Solo vestiti.“

Er gab mir den Ausweis zurück und winkte mich durch. Ich glaubte ein kleines, ironisches Lächeln zu sehen. Ich zog den Reißverschluss wieder zu und betrat dieses andere Land. Die Vigilanza-Typen auf dem Platz waren nicht mehr zu hören, aber ich spürte, dass sie noch da waren. Ich drehte mich nicht um. Es war ziemlich schwer, es nicht zu tun, aber ich kriegte es hin. Wir Pilger kriegten sowas hin. Wir schon.

Aus der Reihe Songdog Poetry

Gansner h.p., herz, sfr. 25.– / € 14.–

Dobler, Franz, Ich fühlte mich stark wie die Braut… sfr. 20.– / € 12.–

Vetsch, Florian, 43 neue Gedichte, sfr. 25.– / € 14.–

Böke, Herbig, Hintzen, Götterwind, Wir kamen in Frieden, € 12.–

Günther, Florian, Taschenbillard, sfr. 20.– / € 12.–

F. Vetsch / H. Hübsch, Round & Round & Round, sfr. 20.– / € 14.–

Götterwind, Jerk , Am Ende des Tages sfr. 20.– / € 14.–

Gansner h.p., superherz, sfr. 20.– / € 14.–

Romane, Stories, Satiren

Rabl, Günther, Mail für Hiob, € 14.–

Fitzgerald, Mick, Session / *Irische Stories* sfr. 20.– / € 12.–

Niedermann, Andreas, Verflucht schön / *Roman,* sfr. 26.– / € 16.–

Niedermann, Andreas, Sauser / *Roman,* sfr. 29.80 / € 16.90

Niedermann, Andreas, Love is Hell / *Roman,* sfr. 28.– / € 15.–

Niedermann, Andreas, LOG / *Aufzeichnungen,* sfr. 30.– / € 18.–

Niedermann, Andreas, Das Flackern der Flamme bei auffrischendem Westwind / *Stories, Berichte, Skizzen* sfr. 20.– / € 15.–

Niedermann, Andreas, Die Katzen von Kapsali / *Roman,* sfr. 25.– / € 14.–

Niedermann, Andreas, Goldene Tage / *Roman,* sfr. 25.– / € 18.–

Niedermann, Andreas, Von Viktor zu Hartmann sfr. 18.- / € 14.-

Völk, Gudrun Miststücke / Stories sfr. 20.– / € 15.–

Bauer, Christoph, Der Bericht, sfr. 25.– / € 16.–

McDonald, Gregory, The Brave, sfr. 25.– / € 18.–

Haefs, Gabriele, Hrsg., Chinesische Transvestiten, sfr. 20.- / € 14,80

Salina, Tuya, Spiel und stirb, Sci-Fi-Thriller, sfr. 25.– / € 18.–

Zu beziehen bei:
www.songdog.at
verlag@songdog.at
im Buchhandel, oder über Amazon